Search

你們來，必要給你們；
你們找，就必找到；
你們敲，必要給你們開。

星火文化

以色列

最奇特的民族

從和神建立盟約開始，
他們如何成為信念最堅定的一群人？

聖經學博士
穆宏志神父 Jesús M. Muñoz, S.J. ◎著
黃富巧◎整理

Contents

目錄

推薦序

二十四個幫助人體會《聖經》救恩史的故事

中國民間有「二十四孝」故事，都很有趣，但有的好像不大可信。若與《聖經》故事對照，會發現並區分故事的「歷史性」和故事的意義是兩回事。同時，把握了故事的意義，對故事的歷史性也許就改觀了。

把第二十孝「湧泉躍鯉」與《聖經》哈加爾母子的故事對照一下，就不難了解。「湧泉躍鯉」的故事說，漢朝有個姓姜的人，娶了一名龐氏女為妻。二人都很孝順。婆母喜歡喝江水，兒子就每天挑江水供應；老人家又愛吃魚，媳婦就每餐烹魚給她吃。日子久了，這種孝心感動了老天爺，使得後舍側忽有湧泉，味如江水，且日躍雙鯉，可取以供母。古人作詩稱道：舍側甘泉出，朝朝雙鯉魚；子能恆孝母，婦亦孝其婆。哈加爾帶著幼兒遵亞巴郎之命出走，在曠野裡迷了路。水用完了，母子就要渴死。「**天主於是開了她的眼，她看見一口水井，遂去將皮囊灌滿了水，給孩子喝。**」（《創世紀》21章19節）。

《最奇特的民族以色列》這本書也收集了二十四個故事。這本書可以說是《聖經》「外經」，因為不是《聖經》文本明白這樣寫的，不必當做天主的啓示來讀。但仍是《聖經》「外經」，因為這二十四個故事都與《聖經》有關，有的故事也來自《聖經》，只是加上了許多時地背景，考古知識，和作者豐富的想像力。想像力，對，這是這本書的一個特色。作者在前言中說，他在羅馬研讀《聖經》學時，一位大師級的老師有一句名言：「用想像力寫的《聖經》，該用想像力去讀。」不過，想像力會因民族、文化、時地的不同而大有分別。《聖經》作者所假定的讀者是地中海一帶的文化和人民。作者便是這些文化和人民的一員，他的想像力可以有助於遠東人的想像力。

把二十四章每章的標題及其副題翻閱一遍，即可發現，二十四個故事中，前十四個都採自《創世紀》，可見這卷書的「故事性」特高。若再看看每個故事後的「如果，天主寫日記的話……」，更會發現這卷書的豐富神學。只舉一例來說，第九個故事講巴貝耳建城建塔之所以失敗，是因為天主攪亂了他們的語言。我們有時會以為外語難學，是從巴貝耳開始的，到底是怎麼回事？這故事中的哲學家、社會學家、詩人、司祭、工程師等，各有說詞，大家都振振有詞，誰也不肯讓步，這樣怎麼合作建塔呢？人與人彼此不懂對方說的話，不要怪天主，這就是《創世紀》11章1～19節的神學。

從十五到二十一章的七個故事都採自《出谷紀》，表示《聖經》第二卷書故事性也很高，特別是前半卷（一至二十章）。所以如此，無非是因為救恩史的兩大軸心——創造與救贖——都在這些故事裡有所交代了，只等耶穌的來臨，以發動新創造和新救贖。第二十一個故事描述金牛犢如何造成，十分精彩，大大有助於這一重要事件的了解。餘下的三個故事，前兩個（二十二、二十三）出自《若蘇厄書》，把天主的選民來到應許地的全新經驗予以生動有趣的描述。尤其是第二十三篇說明若蘇厄領軍與阿摩黎聯軍作戰，是為了守信於基貝紅盟友，雖然基貝紅人是以欺騙的手腕與以色列立了約。最後一個故事，第二十四，是採自《民長紀》的兩句話——「那時，在以色列沒有君王……各人任意行事。」（《民長紀》21章25節）這是以色列歷史的一大特徵：二百年之久沒有君王，還能維持民族的統一。什麼原因？讀者可繼續發揮他的想像力。這該是本書作者最希望看到的。

二〇〇七年六月十二日，謹誌於輔大神學院

本文作者為輔仁聖博敏神學院聖經學教授

作者自序

用想像力讀《聖經》

或許讀者會想，何必寫這些很像是《聖經》故事、卻又不是《聖經》故事的故事呢？讓我一步步地說明。沒錯，本書的的場景在《聖經》中的確沒有什麼著墨，可是本書的各個故事卻是從《聖經》章節延伸而來的，也就是說本書發揮了《聖經》原先沒有多加記載的部份。筆者希望藉由自己的想像力，撐起原來就富有立體感的《聖經》場景，好讓讀者得以進入真實的《聖經》世界。這些想像力是否太誇大了點？或許，可能是。不過，卻沒有離開《聖經》作者原有的想像力，其實作者當時沒有多加發揮這些場景的原因，或許是因為認為讀者自己有能力可以理解……想當初，我還在學習《聖經》時，我的舊約老師（很有名的舊約學者）就曾說過這句話：「應該用想像力來閱讀，那以想像力所寫下的經文。」

哈，這樣不又是另一個矛盾嗎？如果讀者能自行想像，那麼筆者為何剝奪了讀者想像的樂趣？不，我沒有權利，也不願意如此，只是我認為今日的讀者離舊約的場景已經太遠了，沒有能力或是很不容易進入想像的空間……很自然如此。舊約作者寫作的對象是當時的以色列人，他們與作者所描述的事件意義，無論是在社會或是在文化方面，都很接近也很熟悉，因此作者不必多加假定讀者會有想像力，而是他們很自然的會有。就這樣，讀者一邊看就可以一邊想像作者所要敘述的，或者更好的是，當講述者在講述時，聆聽者很快就會有畫面配合。

但是，這卻不是我們的狀況，特別是在影視、電玩的發展之下，我們的想像力已經完全不同了，因此《聖經》的敘述對我們來說，相當的貧乏而且遙遠。或許，我們對《聖經》能進行許多的思想活動，不過這些卻無法感動我們，也無法表達什麼深刻的撼動。所以，筆者努力地重敘，為了立體地發揮舊約場景，希望讓《聖經》故事更為真實的呈現於讀者眼前。那麼，讀者就可以自然而然地運用自個兒的（我的老師所說的）想像力了。所以，我所寫的場景可以作為某個比方或是依據，使人藉此更得以發揮自己的想像。

每個場景雖然各自獨立，不過卻循環了相關的主旨：亞當與厄娃、諾厄、聖祖（尤其是亞巴辣罕）、梅瑟、福地。因此，各個故事雖然可以分別閱讀，不過若是可以連續地閱讀，那就更好了；它們彼此之間勾勒著歷史的足跡，描述了一個民族如何建立，以及他們的歷史與宗教進程。因此，雖然本書不是什麼神學的書，卻也包涵了宗教意義。

本書的場景是由筆者的想像力所構思的，且每個場景都以天主的日記作為結尾，當然天主的日記更全然是筆者的想像力。這在第一場景，我就已經明白地說道：「這是我所相信的天主的日記」，也就是說，這是我個人的反省與體會，而不是天主啟示給我的話。可以說，這些結尾正表達了我所認為如何正確地了解《聖經》的這個場景。但是，將這些思想加在天主的身上，是不是太勇敢了？當然，如果是絕對的說法，那麼就是過分。可是要注意，我已經加上了「我所相信的」，那麼就是相對的意義。

「我所相信的天主」是什麼意思？我們每一個人有天主的一個圖像。這圖像是藉著我們關於天主聽到的，在《聖經》上所懂得的，以及自己信仰的經驗等所萌生的。我也有我自己天主的形象。而且我的天主這樣講話，所以我寫了這樣的日記。也許有人覺得我的天主不夠嚴肅，祂「太了解人的軟弱」……我的天主基本上是我所懂得的耶穌的啟示：天主是父親，首先是祂（耶穌自己）的父親，後來祂也是我們的父親。我的天主不是一個法律的天主，是一個愛的天主（愛天主——愛人就是遵守一切法律和先知）。一個愛每一個人的父親，關心人類的天主會怎麼以人的話表達自己呢？這就是「我所相信的天主」的日記。

關於本書，筆者認為讀者可以輕輕鬆鬆的，當作有趣的敘述故事，來打發時間……希望如此。當然，你也可以細細地品嘗，那麼筆者可以提供三個方向：

一、文學的探討：本章場景所要發揮的是什麼？次要的因素為何？或許你可以參考參考每章章名後的《聖經》章節。

二、宗教的省思：本篇所關心的重要思想或是次要思想是什麼？也許「如果，天主寫日記的話……」，能對你有些幫助。

三、生活的問題：對我而言，本篇的敘述與我的關係為何？我如何運用這中心思想在我的生活中？對此，筆者無法提供任何參考，因為每個人都應當面對自己。

每本書都有自己的歷史，本書也不例外。這段歷史中出現了許多人名，透過這些人的幫助，本書才得以完成，有的是予以鼓勵，有的是給予意見。在此，筆者願意特別感謝下列人士：

首先是黃富巧女士，她辛苦地以比較通順的中文寫下我非常有限的表達；接著要謝謝黃美娟女士編輯本書；房志榮神父念了本書後，提供無數改善的細節；最後，朱祁欣女士和黃佳音小姐讀了其中大部分的故事，並提供寶貴的意見，增加了本書的可讀性。

深深的獻上我的感謝。

穿越之旅的行前說明

編輯部

這本書講述的是關於一個奇特的民族以色列的故事。以色列也是現今世界上一個國家的名字，這個國家的存在迥異於世上任何一國，國名最早則可以追溯到一個原名叫做雅各伯的人，一個國家以人為名，自然有不凡之處，天使曾經和他摔跤，輸給了他，於是給他一個名字叫以色列（Israel），意思是「與神摔跤的人」。

以色列這個民族有很多名稱，大家最熟悉的是猶太人，反而出現的時間較晚，而且一開始不是他們的自稱。原來以色列有十二支派，其中一個叫猶大（Judah），西元前六百年左右，巴比倫帝國擄走的大多屬於這個支派，統治者卻不會發這個音，於是讀成「猶太」，從那時開始有猶太人的這個稱呼，到今天則成為該民族的通稱。

這個民族還有個名稱叫做希伯來人，意思是「過河」，他們的祖先亞巴郎（雅各伯的祖父）原先住在巴比倫地區，上主告訴他越過大河（即幼發拉底河），前往客納罕

（或音譯為迦南），也就是今天的巴勒斯坦。由希伯來這個名字，這個祖先傳承的土地對民族的意義不言而喻。

基督宗教所謂的《舊約聖經》也稱《希伯來聖經》，大多數是以希伯來文書寫，小部分是亞蘭語（Aramaic，或稱阿拉美語）。原來，亞蘭語是巴比倫帝國的官方語言，以色列民族曾經做過俘虜，於是習慣了使用統治者的語言。我們曉得耶穌說的語言是亞蘭語，並不是希伯來文，而且在耶穌的時代，許多人已經聽不懂希伯來文，因此在朗誦經文時，朗誦者必須把希伯來文翻譯成亞蘭語，使大家都能聽懂。直到第七世紀，亞蘭語才被阿拉伯語取代。當以色列於一九四八年復國，原本寄存於宗教與文學領域的希伯來文也復活了，成為與阿拉伯語並立的官方語言，當然，希伯來文是優勢語言。

天主教聖經把舊約的第二卷譯為《出谷紀》，這個谷指的是尼羅河的河谷，中文和合本譯為《出埃及記》，更為明確清楚。必須說清楚的是，這些卷名的譯名都是從希臘譯本翻譯而來，以色列人並不是這樣稱呼這些經文，而是以每一章的起頭為名，如《創世紀》以「在起初」開始，《出谷紀》的頭幾個字則是「那些名字」。那麼希臘譯本是怎樣翻譯的呢？當初的譯者認為，這章的核心是「出離」埃及，所以取這個字意做為篇名。附帶一提，基督宗教另一宗派東正教是把這卷書譯為《出離之書》。

本書的人物使用的中文譯名源自思高聖經譯本，是由思高聖經學會由希伯來文音譯。書中人物第一次登場會在人名下面加上括弧，註明和合本的譯名。諸如大家熟悉的夏娃，思高本為厄娃；大家熟悉的挪亞，則稱諾厄。還有摩西，天主教譯為梅瑟。約書亞則是若蘇厄。總而言之，是音譯來源的發音使然。

為什麼要讀一本講以色列人歷史的書呢？歷史是一面鏡子，我們從中可以看到，全世界找不到那麼獨特的民族，靠著一神信仰維繫民族，並且能多次滅國後再復國，這種堅強的力量從何而來？看完本書就知道，以色列人並非完美無瑕而得天獨厚，反而是他們信仰的那個天主是真正厲害的推動者。

本書作者為聖經學教授，在本書當中藏著許多趣味或是今天網民所說的「彩蛋」，小編在此先不破梗，期待各位自行發現、欣賞。

1 ▶創造的最後一夜

上主天主遂使人熟睡，
當他睡著了，
就取出了他的一根肋骨，
再用肉補滿原處。

——《創世紀》2章21節

亞當從河裡緩緩游上岸來，輕鬆地躺在岸邊，享受著夕陽，順便把身子晾乾。過了一會兒，天主沿著河岸漫步到亞當身旁，亞當立時體驗到天主的溫暖。

天主開口問亞當：「你好像很喜歡游泳？」

亞當回答說：「是啊！我真的很喜歡游泳，每次游泳我都好高興。」

天主讚美亞當說：「你真的很會游泳。幾天前，我看到你在河中非常自在地游著。某些時候，你游泳的樣子似乎像隻……嗯，那個你怎麼稱呼的……會在河中浮出水面游著，有大嘴巴的那個？」

亞當說：「鱷魚啊！」

天主慈祥微笑說：「『鱷魚』！你可真會想名字。」

亞當開心而熱切地說：「祢知道為什麼我給牠取這名字嗎？上次我到河邊來採椰子——我最愛椰子了，突然間有椰子掉了下來，剛好那隻動物游了過來，又冷不防地打開了牠的大嘴巴。就在那剎那，好巧不巧地，椰子掉到牠的嘴巴裡，卡在牠最裡面的牙齒。哈！那一幕超好笑的，牠既沒有辦法把嘴巴闔起來，又沒辦法把椰子吐出來。看來只有我才能助牠一臂之力，把卡在牠嘴裡的椰子給拿出來。當我把手往牠口裡伸時，牠就叫著：さ、さ、さ，所以，我就稱牠做『鱷魚』囉！連牠自己都笑出了眼淚。」

天主聽著也笑了，說：「你說，你喜歡椰子？」

亞當自信滿滿地說：「我可是爬椰子樹高手，爬得跟猴子一樣好呢。」

天主問：「什麼？猴子？」

亞當說：「對呀！就是那個跟我長得很像的動物，不過牠後面有條很長的尾巴。」

天主帶著欣賞的表情說：「你給動物取名時，想像力可真豐富。」

亞當說：「我取的這些名字可不是憑空瞎扯，在取名時，我會問問牠們的意見，是牠們給我的靈感。」

天主問亞當說：「你通常一次吃多少顆椰子呢？」

亞當有點疑惑：「我不知道，至少五顆吧！」這時，亞當伸出自己的左手，並用右手扳著指頭，一個、兩個的算著，直到數到第五個指頭。

然後，他問天主：「祢什麼時候要教我數數兒？」

因著亞當好奇、渴望的學習態度，天主又微笑了。天主回答說：「這幾天吧！」等我沒那麼多工作的時候。」

亞當想了想，開口換了話題：「ㄟ……」亞當問天主：「那祢創造完了沒有？」

天主回答說：「嗯！快了……只剩下一些小細節。」

亞當無限嚮往地問：「那一切都好嗎？就如同祢所設想的嗎？」

天主愉快地說：「是！一切都很好，真的還不賴。不過，我得承認，銀河、星系好像太多了，我可能不小心放過頭了……。不過沒關係，這樣子更好，天空中就會有很多的星星。你喜歡星星嗎？」

亞當立即大聲回答：「很喜歡！我總愛在晚上躺在草地上看著它們，而且，我還會數星星，但我只能五個、五個的算著。結果，我算了很多的五個，不知不覺地就睡著了。」亞當抓抓頭，不好意思地笑著。

天主靜靜聽著亞當，沒有開口，但又似乎像是在思索些什麼。終於，天主輕輕嘆了一口氣，依然帶著微笑，開口說道：「你知道嗎？有時候我覺得有點遺憾，我造了滿天星斗，可是沒有人看星星，沒有人對這些星辰多看幾眼，沒有人告訴我他對星星的想法，沒有人告訴我他很喜歡這些星辰。雖然，我看著星星時，它們像是對我使眼色般，彷彿要跟我講些什麼，可是我還是比較希望有人能與我分享他的想法，用他的話來表達……不過，目前這只有你能做……啊！我想到了……，你知道我在想什麼嗎？我要讓你到各個銀河、星系去看一看，然後回來告訴我你的感想。」

原來，天主決定讓亞當去一趟宇宙星系的遊覽。剛升起的月亮將月光灑在亞當身上，使他散發著帶點銀色和些許淡紅色的光芒。而才一瞬間，亞當覺得月亮彷彿已離他好近好近，看起來就像個橘子色的大球體。亞當並不是以光速飛行，否則天主得等個幾百萬年後他才會回來。他是以天主的速度旅行，也就是好像在此處，但同時又在另一處，以及在所有的地方。彷彿是無窮無盡那麼多的星體，看得亞當眼花撩亂而驚呼連連。

飛過月亮之後，亞當從一個銀河系運行到另一個銀河系，觀察了一個又一個的星系，進入每一個恆星系，拜訪了所有的星宿；各個星體好像都一樣，卻又不太一樣。這樣的運行像是沒有終止的時候，時間卻又幾乎是停滯的，但事實上，亞當是以天主快速而又似永恆的時間行動著。說時遲那時快，亞當又經過那橘色的大月亮，回到了地球。這時，亞當的頭腦裡充滿著思緒，心中滿載著歡喜。

天主忍不住熱切地問亞當說：「你覺得怎樣？」

亞當深深地吸了一大口氣，一方面因為回到地球後需要呼吸，一方面他也需要點時間來回答天主的問題。他有許多體會想表達，也有許多情緒想訴說，可是，他卻還沒學會那些可以恰到好處地表達自己感受的字彙，於是，他的聲音遲遲未能發出。天主看到亞當努力想表達自己，感到有點高興，同時又有點緊張。終於，亞當說：「很亮……很多……而且，很大啊－——！」

亞當的這個「啊」持續了很久，他從來沒有這樣說過話。接著，亞當稍微停了一下，帶著害羞的口吻說：「假如是我做的話，我可能會做得小一點……，你的想像力真的比我大得多。」

聽亞當這麼說，天主滿意而開心地笑了。天主思索著：「人了解了。而且，以人的限度來看，有關我的創造，他講得實在好。很好！看來，至少在某一個程度上，我可以跟人談話。」

亞當中斷了天主的思維，說：「我可以問一個問題嗎？」

天主說：「你要知道什麼？」

亞當天真地問：「這一切，有什麼用？」天主有點驚訝地看著他，說：「你說，有什麼用，是什麼意思？」

亞當解釋說：「有用，就是可以用啊！比方說：椰子我可以吃，河水可以讓我游泳、也可以喝呀，動物會陪我玩遊戲啊！……雖然，有時我仍感到孤獨……」亞當有點落寞而小聲了下來，但又接著說：「草可以給動物吃，樹可以用來遮陽光啊！可是，這麼多的星星，這麼多五個又五個的星星有什麼用呢？」

天主慢慢地一個字、一個字的說著：「沒．有．什．麼．用。沒．有．任．何．用．處。」然後很快地說道：「可是很漂亮，對吧！」

有一段時間，天主和亞當都沒說些什麼，單單只是站著一起看星星、看映著月光的粼粼河水。慢慢地，直到夜深了，月亮也從高天低低地落上了樹梢。接著，他們交換一下眼神。

天主說：「好吧，亞當，晚安了。你趕快去睡覺，這次的星際遊覽，你可能累壞了。」

亞當說：「對呀！我是有點想睡了。」於是，亞當開始往他的山洞走去，同時，也對天主道了晚安。

亞當剛回到洞裡時，天似乎還微微亮著，很快地，光明一下子就消失了，他也進入了夢鄉。亞當睡得很沉、很沉，而且，還做了個夢。他夢到天主創造了一個「存有」，幾乎和自己一模一樣，他可以跟這個「存有」談話、溝通，也可以和「她」一起吃椰子、一起游泳、一起歡笑。而且，更奇怪的是，在夢裡，天主好像是從他身體內拿出「她」來。突然，他醒了，自覺這是個很怪的夢。亞當立刻又睡著了，等他再醒來時，天已經快亮了。

突然間，亞當感到一陣害怕：「在我旁邊好像有個『東西』！昨天晚上明明沒看見啊！」他嚇得後退了幾步。然而在山洞裡，並沒有足夠的光亮能讓他看清楚。慢慢地，他看到那個「存有」的外形，好像是個和亞當自己非常像的東西，但又有點不一樣，似乎更具曲線。亞當試探性地悄悄前進，用一根手指碰一下那個「東西」。沒有動靜。亞當的心跳開始加快，那個「存有」一方面讓他感到害怕，另一方面又吸引著他。他鼓起勇氣伸出手來，摸一摸「她」。亞當一摸「她」的皮膚，「她」柔軟的皮膚，他的心跳便突然加快……。那個「存有」動了一下，發了一點聲音，亞當又嚇得後退，卻仍然無法將目光從「她」身上移開。亞當從山洞口望出去，依稀看到天主彎著身子在河邊。他好想趕快去找天主，可是，他又好想留在山洞裡，繼續一直看那個好像在睡覺的新的「東西」。他特別注意到「她」長長的頭髮，「她」身體所有的曲線，「她」皮膚的顏色，這些都吸引著他，讓他目不轉睛地看著。

有一段時間，亞當就這樣一動也不動地欣賞著「她」。後來那個「東西」再一次動了一下身體，變成背對著亞當。於是，亞當趁著這個機會，再一次嘗試接近「她」。他小心翼翼地將手指滑進她的秀髮，這頭髮柔軟的像絲線，很舒服。這時，亞當的心，已經快要從嘴巴裡跳出來了。他想著：「她」就是我所要的，我應該趕快告訴天主。

亞當一刻也不能再等待，馬上從山洞跑到天主那裡。天主正甩開袖手上的水滴，從河岸走向亞當。天主一遇到亞當，就一把將他擁入懷中，很快樂地低頭問亞當說：「你跑那麼快，要去哪兒啊？」

亞當幾乎無法說話，好半天，終於邊喘著氣，邊努力從喉嚨中擠出了幾個字：「那邊……在我的山洞……有……有……那邊有一個東西，你應該來看一看。」

天主微笑著說：「我知道啊！我昨天晚上做的，是給你的。」

如果，天主寫日記的話……

一切的創造皆已完成。晚上，我創造了女人，並把她放在山洞中，亞當的旁邊。我投注了許多期待與想像在創造中，不過，其中最帶給我興奮和喜悅的，就是「人」——男人、女人。

今天，我讓亞當做了一會兒的太空人，讓他周遊宇宙四處。他回來之後，極其興奮又難以置信於這一切創造。他睜大眼睛向我說，他非常喜歡這一切，他形容這些星體「又大、又亮」。啊！終於，有「人」，是一位「人」而不是一個東西，是一位能以「言語」，來表達他的思想與感情的一位，能向我述說，甚至是向我發問——這些有什麼用呢？這是一位能說出欣賞和感謝話語的人，而非只能發出叫聲：汪！汪！

他看到女人時的反應，真是非常戲劇化。他的喜悅、興奮、快樂、緊張，就像要從身上的每一個毛細孔跳出來一樣。我很好奇，亞當會給她取什麼名字呢？

2 ▶ 在樂園中散步

上主天主將人安置在伊甸的樂園內……

——《創世紀》2章15節

「你們還在那邊嗎？」天主慈祥地笑著問。

那時亞當正坐在河邊，以他的左手環繞著女人的肩膀，悠悠地轉過頭來答說：「是啊！我們在這兒，這裡很好啊！」

「看得出來你喜歡待在那裡，而且現在有夥伴同在更好，不是嗎？」天主臉上的微笑更深了。

亞當抬起頭來，雙眼發亮地說：「是。」

女人也笑咪咪的，點著頭來回應天主。

天主說：「可惜，你什麼都不知道。」

「比方像什麼？」亞當不明白天主指的是什麼。

天主答說：「我所創造的所有一切。」

亞當驚訝地問道：「還有別的東西啊？」

天主說：「你起來，往後面看。」

於是亞當就站了起來，女人也跟著，兩人都往天主所指的地方看去。這時，亞當第一次發現他的視線可以穿透過天主，好似天主是透明的一樣。而且，天主也沒有影子，不像他或是女人、或是到處都跟著他們的那隻動物（牠叫狗）。不過，他並不想思索，也不想研究神學。他在山洞所在的丘陵上看到湛綠的海洋（其實，亞當那時還不知道什麼是海洋，他所能想到的是比他游泳的那條河更加寬大的河）。

他屏息問天主說：「你是什麼時候創造了這一切的？」

天主答：「在創造你以前。你還不存在的時候，這一切就已經存在了。」

亞當和女人十分驚訝，又極為開心地往綠林走去，他們看到了各種各樣的樹木，有高壯的喬木，也有低矮的灌木叢，更有瘦長的藤木，以及一些尖尖的針葉樹，像柏樹、松樹等等。樹木大高有矮、葉片有大有小；有的樹冠是寬寬圓圓的，有的則是尖尖長長的；有的樹枝是往橫向發展，像張開長長的雙臂，有的則是垂直向天伸展，好似快要上達天際。

女人看著眼前這一切感到非常驚喜，她想著：雖然放眼望去是一整片綠，但卻沒有兩棵一模一樣的樹，甚至沒有同樣深淺明暗的綠……「我看至少有十七、八種綠色吧！」女人心裡驚呼。

天主提議：「好！讓我們在園子裡散散步吧——免得你們整天只跟椰子樹和鱷魚在一起。」

於是，亞當開始跟著天主走向園子。不過，他靦腆地笑著說：「鱷魚，其實很好玩呢！」

很快地，他們進入到了園子裡。亞當和女人聽到許多鳥鳴，那是從沒聽過的聲音，或清脆或嘹亮，或急促或悠長；很好聽、很悅耳！亞當四處張望，卻看不到究竟是什麼東西發出來的聲音，終於忍不住向天主發問：「這些吵鬧的聲音是什麼啊？」亞當的語調聽起來好像帶點責備，天主便回說：「你說，吵鬧聲？」

亞當紅著臉說：「我的意思是，我們所聽到的這一切，是什麼聲音啊？」

天主答：「這是鳥鳴聲。對了，當你覺得一個聲音好聽的時候，可以稱它為『音樂』。」天主把握各種機會來增加亞當的字彙。

亞當和女人繼續看著這一切，他們是那麼用心，似乎想藉著把所有東西都看進眼裡來明白一切。

天主對他們說：「你們往上看。」

順著天主的提醒，他們才發現樹枝上站著一些小小的動物，牠們很好動，身上有很豐富的色彩，有深有淺，有亮有暗。牠們中有的會稍微飛一下，然後又站回樹枝上。

亞當問：「剛才就是這些動物發出聲音的嗎？嗯！我是說，就是牠們發出『音樂』的嗎？我還以為是些比較大的動物。」

天主答：「你對大小的比例還不是很了解，你大概以為大的聲音只能由大的動物發出來。」

亞當瞪大了眼直視看著鳥，沒留意腳底差點踩到隻蝸牛。不過，蝸牛仍按原來慢吞吞的速度，平安地通過原本要走的道路。亞當為了躲開牠，差點跌坐在地上。這時，女人很關心地向亞當說：「小心啊！」

亞當很鎮定，平靜地回答女人說：「我沒事。」

天主和亞當繼續往前走，女人則落在後面，看著地上小小，漂亮的東西說：「看，這些小小、漂亮的東西，好像是草，卻有好多顏色。我們該怎麼稱呼它們呢？它們既不是草也不是樹啊！」

女人想表現自己已經會辨別草和樹，就接著說：「草是小小的，綠綠的，而樹則是綠綠的部分長在長長的東西——那些叫做樹幹的東西上面。啊！我們叫這些東西『花』吧！亞當，你覺得好嗎？」

女人總是每到一個地方就四處張望、停滯不前。或是很驚訝地看著路旁的小花，或是目不轉睛地看著小溪流中的石榴花；走著走著又被吸引停下腳步，細察流水經過石頭之後的波紋改變，陽光映照在水面上的粼光，以及穿梭於樹梢間的光影。不知不覺中，他們來到一個有很多樹的地方。天主之前向他們說過，如果有很多樹聚在一起的話，就稱為「森林」。而這次他們走進的森林，樹幹相當高也非常筆直，樹枝都只長在樹頂上，樹葉則非常的細長，只會遮掉部份陽光。地上布滿許多這些樹枝枯掉的葉子，有些顏色是比較乾比較淺的黃，有些則是黃栗色，走在上面還滑溜溜的——亞當有一小段路得靠著樹幹才能走過而不致跌倒。這也讓他發現，樹幹表面原來並不平滑，而是很粗糙，沒想到手摸過去還沾到了點東西——樹脂，味道很濃郁，聞起來很令人喜歡、很舒服。為了表現自己已學會「森林」這個詞，亞當向天主說：「我很喜歡這座森林。」

天主答：「很好。不過更準確來說，這是座『松樹林』。」天主繼續教導著亞當。

突然間，某個東西一溜煙從他們中間穿過；他們來不及看清楚那是什麼，只記得看見兩隻長長的耳朵，還有感受到牠的速度與動作：牠不是用跑的，不是用走的，而是用跳的。狗立刻跟著激動起來，吠叫著追了過去，直到天主吹哨子才把狗給叫回來。

亞當說：「那是一隻兔子。」

女人怯怯地說：「我覺得是隻野兔。」

天主有點驚訝，不過很高興地看著女人說：「對，是隻野兔。」

他們離開松樹林後，很快又到了另一片樹林。在這片林中，樹幹粗了許多、也比較硬，樹枝是往左右橫向擴展，葉子也很大片，投在地上的影子於是顯得厚重。那裡的地面很潮溼，有些小小的東西，不是樹、不是草，也不是花，有點發白又帶點墨綠色，它們不很高，卻有著胖胖、既軟又結實的枝幹，而且在這枝幹上還有個蓋子，蓋子的後面有很多很多細細的紋路。

女人說道：「我比較喜歡這個樹林，因為這裡比較安靜。」這次，天主沒有特別教導這是片「櫸木林」。

他們繼續往前走著，來到一座寬闊的草原。草原上長滿著各式各樣的花朵，有雛菊、茉莉花、百合花、康乃馨、紫羅蘭、牽牛花、瑪格莉特，還有蒲公英。亞當和女人躺在草地上，似乎覺得腳踩草地還不夠舒服，站著由上往下看花朵也不夠清楚。他們寧願躺下來與它們同高、與花花草草更接近。

這時，女人開始向它們說起話來：「歡唱吧！花。跳舞吧！草兒。讓我們一起躍動、一起遊戲，盡情享受這個時刻⋯⋯。花兒啊！風從哪裡來的呢？又往哪裡去呢？妳知道它的故鄉在哪裡嗎？草兒啊！你為了什麼在快樂、歌唱？又為了什麼隨風搖擺呢？」

過了一會，女人又滾到長滿百合花的草地上，闔上雙眼享受著周圍的氣息。就在幾乎無法自拔而忘我的時候，女人張開眼，看到有隻大鳥在天空中盤旋，毫不費力，一點也不需要拍動翅膀。牠的喙有點圓圓的，雙腳上有著尖尖的爪子。亞當也「哇！」了一聲。

天主說：「這是『鷹』。」

老鷹稍微向上飛升，接著又轉了一下，好像發現亞當和女人正看著牠，想要表現一番。

女人問：「牠也很會叫嗎？」

天主答：「不，這種鳥不會叫。」

亞當訝異地說：「你看，牠好像停了，一動也不動。」說時遲那時快，老鷹像是為了推翻亞當的話般，迅速地用人所不能想像、甚至感到害怕的速度俯衝至地面。

亞當問：「牠要去哪裡？」

天主回答：「去抓兔子，我們剛剛看到的野兔當中的一隻。」

女人問：「為什麼？」

天主答：「為了食物。這種鳥就是吃這些動物的。」

女人說：「好可憐喔！」

天主說：「這是一種生態平衡，兔子很多又長得很快，假如老鷹沒有吃掉牠們，那麼愈來愈多的兔子便會吃掉所有的草和花。」

說到這裡，天主就停住不再繼續，祂想，跟他們談生態平衡的問題可能還太早。

亞當回答說：「當然。」雖然他隱隱認為，這似乎是再清楚不過的事，但其實他也並不是很懂。

女人也不懂，不過她倒是很誠實地說出來：「無論如何，我還是覺得那些兔子好可憐喔！」

接著，他們又看到很多其他的植物。女人專注地看著左手邊的蔬菜，亞當則特別注意到右手邊的果樹，特別是橘子樹和梨子樹。他先是吃橘子不剝皮，之後卻又努力剝梨子的皮吃起來。天主見此笑了又笑。

突然間天主站了起來，問他們說：「你們覺得怎麼樣？」

亞當說：「很大、很繁榮。」

女人說：「很漂亮。」

天主答：「雖然，你們什麼都沒有看到。你們沒看到長頸鹿，也沒看到鴕鳥，更沒有看到河馬，連大象也沒見到。更別說那些北極的熊或是南極的企鵝。而鳥呢，你們也沒看到鸚鵡、孔雀、綠繡眼、白頭翁……等等。而植物呢，你們也沒看到柏樹林，沒看過竹子……，就連玫瑰、梅花、牡丹、三色菫……等等也都沒有看到。那水果呢，酪梨、芒果、無花果、芭樂……等等，你們都沒有看到。」

亞當又驚又喜地問說：「創造這一切都是為了我們嗎？」

天主微微笑著，很肯定地說：「是。」

女人大受感動，問：「祢很愛我們對不對？」

天主也一樣被感動了，因為女人回應的這句話正是最好的感謝。

亞當問：「那我們要做什麼？」男人的發問總是比較實在。

他問完，望著河流又坐了下來。

天主答：「照顧、看守這一切。比方說，你們要拿掉一些乾樹枝，像右邊看到的這樣，免得打雷時，把樹林給燒了。要是沒有下雨，你們就可以幫植物澆點水。」

天主和亞當及女人一邊說著，一邊前行，又到了一個地方。天主說：「你們看到中間那棵樹嗎？你們不要忘了去吃它的果實，因為它是生命之樹。其他的樹你們也都可以去吃，不過，別忘了偶爾還是要去吃生命之樹的果實。因為生命即在於此。我們再看看其他的。嗯，像角落的那棵樹，你們就不應該去吃，因為那是棵認識善惡的樹。假如你們吃了，你們會死。」

女人很直接，也很敏銳地觀察到了，便問：「是樹幹上有一隻很長的動物的那一棵樹嗎？」

天主稍微嘆息說道：「是。好吧！天色不早了，我們回去吧！」

如果，天主寫日記的話……

今天，我和人在伊甸園中散步。這兩個可愛的寶貝，本來一直就只待在他們居住山洞的那條河邊，哪裡也不去，因為他們非常喜歡那裡。結果，他們一到伊甸園中，就願意聞聞所有的花朵，認識各種樹木，又願意吃所有的水果，以及喜歡讓自己的眼睛跟著天空的鳥兒轉來轉去。

每次，到了一個新的環境，總是很不容易讓他們離開那裡，繼續前進。「你看這個、你看那個。」「咦！你聽……」他們似乎一點都不累，不斷地探索各處，並且無法相信這一切都是為了他們而預備。

不過，女人似乎是相當簡潔扼要又單純地肯定了我所做的一切——「祢一定很愛我們對不對！」這讓我感到十分喜樂與感動，如果我是人的話，我的身體一定也會充斥著一股暖流，甚至有觸電的感覺。

很不容易向他們解釋知善惡樹的事情，不過，這件事我也一定得和他們說。我要讓他們體驗到自己有自由和責任，並且，他們也應該體驗到自己能做選擇。可是，我有一點擔心，他們看那棵知善惡樹的眼神，似乎太過好奇了。

3 ▶ 微笑的蛇

上主天主遂把他趕出伊甸樂園……

——《創世紀》3章23節

亞當和女人坐在他們逃走之後所找到的小山洞裡。四下一片寂靜，兩人都埋首不語，偶爾發出些嘆息聲。他們彼此間保持了一段距離，不相交談，也不看對方。

亞當終於開口問女人：「你有必要接近那棵樹嗎？」女人沒有回答。

山洞外下著傾盆大雨，彷彿在咒罵似的。「似乎從來沒有過這麼大的雨，」兩人心裡想著。大量、大量的雨水，傾洩到地上，撞擊出很大的聲響，附近沒有任何樹木或是草坪，有的只是盈耳的雨聲。

亞當停了片刻，又繼續說：「而且，你還伸手拿那個水果吃。」此時，從遠處，劈下一道刺眼的閃電，劃破了陰沉的天空。女人因此停滯了一會，才緩緩地回答：「你也吃了，不是嗎？」

亞當悻悻然說：「是，我也吃了……不用你提醒。」

外面依舊雷電交加。亞當和女人因此很害怕，也受到了驚嚇，他們從沒見過暴雨。而且，突如其來的閃電以及轟隆隆的雷聲也讓他們感到不安。他們身處在一個什麼都沒有的曠野之中，附近沒有任何樹木，也沒有一塊石頭，風沒辦法颳到任何東西而發出聲響。他們聽不到風的聲音，不過，大雨是斜斜地打在地面上，看得出來有很強的風在吹著。突然間一道極亮的閃電，就在離他們很近很近的地方劃破了整個天空劈了下來，接著馬上響起一陣巨大的雷鳴聲，讓他們的耳朵幾乎無法承受……。

幾個星期或是許多日子之前，在伊甸園散步的事，似乎已離現在好遠好遠了……。「你們不要吃這棵樹的果實……，」這話多麼像是在散步之後，隨口提出的一句話；聽起來是那麼簡單自然。亞當認為這是個很容易遵守的命令，更重要的，是因為天主讓他們能選擇，而感到自己是自由的。不過，現今回憶起來卻很苦澀。當時……，唉。

亞當又問女人：「能不能告訴我，在那棵果樹上，到底是什麼東西那麼吸引妳？」這句話其實比較像是亞當在自言自語，只是他選擇比較大聲地喊出來。他馬上又諷刺地加上一句：「或許，吸引妳的，就是那條蛇。」

女人與亞當一樣緊張與害怕。她再也受不了亞當一再的責難，忍不住說：「你能不能停止這些無聊的言詞和語調？麻煩你停一停，好不好？」兩人於是再次陷入沉默。

一切發生得那麼快……，他們只記得……。

女人喊：「亞當！你看！」亞當一回頭，就看到女人在那棵可惡的樹下，手上還拿著那個不應該吃的水果，甚至已經少了一口。亞當一看，立刻就明白了，雖然他其實並不想懂。他的第一個反應好像是想要馬上趨前到女人身邊，用手將那水果搶來丟到地上。可是，當他向前時，似乎看到蛇圍繞在樹幹上，還對著他微笑……「我怎麼會這麼想呢？這怎可能？蛇是不會微笑的。」不過，他真的覺得自己見到了那樣子的畫面——蛇在微笑。然後，亞當只記得他的頭暈暈的，像是充滿一團霧氣似的……。他吃了那水果。對！這是個不能否定的事實，他真的吃了那水果。亞當一路回想了這件事：是，他真的吃了。不過，亞當又覺得他幾乎能發誓吃那水果的不是他。亞當覺得好疑惑，他所記得的事，回想起來卻想不明白；而他懂的，卻再也記不清楚了。而蛇，默默地從樹上爬下來……。

這時，山洞外又有道閃電，亞當即使閉著眼睛也感受得到那強烈而刺眼的閃光，但他的思緒停不下來，仍然繼續回想著……。

亞當回想起他似乎有聽到天主的聲音：「亞當！」

亞當記得很清楚，當時，蛇似乎想要很快地離開……嗯，牠是走，還是爬呢？亞當倒是不太確定……。

很快地，天主的聲音又出現了：「你在哪裡啊？」

這時，連蛇都一動也不動了，好像黏在地上變成石頭一樣。亞當從矮樹叢間隙看見天主，他感到害怕，一種陌生且非常不舒服的感受。回想起來，亞當只記得一些互相交錯的畫面和片片斷斷的話語：自己像是想辦法要做一些解釋，自己和女人……，以及天主提到自己將勞苦出汗，直到回到原來的土中……；天主也提到什麼依戀、懷孕……，對了，還有一些皮衣……。

亞當覺得這些畫面和話語在他的記憶中好像出現了斷層，彷彿是在突然之間，他們發現自己置身在另外一個地方，不是在樂園中，而是個沒有樹木、沒有草坪的地方。就在那時，雨立刻下了起來，在他們和天主的背影之間，似乎形成一道雨牆。還好，他們找到了這一個小小的山洞，雖然是個髒兮兮、且在岩石縫隙中又充滿灰土的山洞。唉，這小山洞一點也不像他們在園中所住過的那個在河邊的山洞……。

外面雨好像停了，兩人不約而同向洞外看了出去。對！雨停了。女人於是對亞當說：「你可以出去外面，看一看有沒有什麼東西可以吃的？」

女人話才剛說完，亞當的情緒突然徹底崩潰，大吼著說：「我要去哪裡！我們是在一個曠野之中。曠野！沒有一棵樹，沒有一朵花，沒有一點草，什麼都沒有。」

女人說：「幹嘛啊？不要這樣好不好？我這樣說，只是因為想到我們需要吃點東西了。」

亞當說：「那你可以自己去看啊！難道你那條可愛的蛇吃掉了你的腳嗎？」

女人不語。他們再一次陷入沉默。

亞當又繼續說：「我不懂，你怎麼還會餓呢？你不是吃了那好吃的水果嗎？」

現在，換女人發火了，說道：「我受不了了。從第一分鐘起，你就沒想過別的事，只是一再地責備我、數落我。本來，天主在問你的當時，你就想把一切責任都推到我身上，對吧？而整個下午，你也沒有談點別的，就是一直說、一直說，不論我們原本到底在討論什麼，就是責怪我。假如你要我一輩子都一直聽你的責備，我告訴你，你想都別想！」

沉默再度包圍他們，就這樣，這場家庭風暴來到了凍結的冰點。這與山洞外，下雨過後剛露出的柔弱陽光，正好形成強烈的對比。這傍晚的柔弱太陽，雖不夠耀眼，卻在令人害怕的閃電和雷聲之後，給了他們很大的安慰。他們一直凝望著太陽，好似第一次見到一樣。他們一直看著，直到太陽從遠遠的地平線上消失。亞當是對的，的確，在山洞的附近什麼都沒有——一片虛無。女人發現剛剛自己其實是對自己生氣，生自己的氣比對亞當生的氣還多。不過，她並不打算承認……「要我告訴他我其實是生自己的氣？不，絕對不，永遠不。」有一段時間，晚霞的餘暉映照在落下的那片天空中；可是，終究也逐漸散去了。太陽不見了，光明也不見了；真正的不見了。女人開始害怕……「會不會從此見不到太陽了？或許這是最後一次見到太陽？」

於是女人問亞當：「亞當，你想太陽還會出來嗎？」

亞當回答說：「當然。你少無聊了，太陽不是每天出來嗎？你不是每天看到嗎？還是你不曾看到日出呢？當然，你每天那麼晚起來！……所以不見得看得到。」亞當又趁機諷刺一頓。

女人不放棄地表達她的憂慮：「今天和以前不一樣啊！以前沒有發生過今天這件

事。」

亞當說：「那有什麼關係？今天所發生的事，是你和我做的，關太陽什麼事？太陽明天早上會如同每天一樣準時出來的。」

不過事實上，亞當的安全感聽起來很空洞。他不懷疑太陽明天早上會出來，他知道太陽會出來，就如亞當還不存在土地上的時候一樣的日出日落。可是，他並不那麼確定他們還會看到太陽再次出來。他記起了天主所說的——「哪一天，你們吃了那棵果樹的果實，你們就會死。」這句話讓他感到相當的不安。而天主說的「哪一天」，就是今天：他們今天吃了那棵果樹的果實。而今天即將要結束，已經看不見太陽了，很快地，黑暗就將籠罩大地。

於是，亞當愈來愈沮喪，因為他不願意死去。在發現自己身在空無一物的曠野中的那一秒鐘內，他曾想要死去。他發現原來樹、花、草的存在，不是理所當然。不過，他已經度過了這種時刻。現在他比較害怕的，是那些到曠野裡覓食的野獸所發出的吼叫聲，以及自己的飢餓。若是不會再看到太陽，那現在更管不了它會不會出來了。這時，亞當出於害怕發出低吼聲，在黑暗的山洞裡，更顯恐怖。女人因此害怕了起來，身子止不住地發抖。女人再也不管亞當整個下午的諷刺和責備，她逐漸地靠向亞當，迎向亞當，讓亞當擁入懷中；此時此刻，兩人只感到害怕。

兩人彼此承認自己的恐懼。女人說：「我怕太陽不再出來，我怕天主把它收了起來，放在某一個地方，如同樂園一樣。」

亞當也以小小聲音承認，說：「我怕太陽不會為我們而出現。」

女人說：「亞當，不要離開我，好嗎？我需要你幫助我克服今晚的痛苦與憂慮……假如按你所說的指示，一個晚上……」

亞當說：「假如我們還有生命的話，我也需要你，陪我經歷往後這一輩子的痛苦和憂慮。」

女人說：「我相信我們會保有生命的，天主不是說了什麼我的後裔之類的話嗎？」

亞當說：「對！後裔。你要變成所有生活著的人的母親。所以，你的名字要叫做『生命』——厄娃（夏娃）①。啊！終於，你有了一個名字。」

厄娃說：「謝謝你，亞當。經過一整個下午，你終於說了一句好聽的話。」

聽到厄娃的感謝和讚美，亞當愣了一下，但還是說：「不過，這不是我想到的。」

① 本書《聖經》經文採用思高聖經學會中文譯本，人名地名所附括號內為中文《聖經》和合本對同一名詞的譯名。

如果，天主寫日記的話……

是的，已經發生了。看得出來會發生這件事。或許看不出來，不過的確有可能。我多麼願意有一人可以和我對談。這兩個人是那麼地讓我開心，他們天真地欣賞著這一切，並以感謝的眼光，以及無數的仰賴，讓我多麼地快樂。

現在，一切都結束了。我知道這一切有可能發生，我知道是我給了他們自由，所以他們能這樣地對待我。可是，我所願意的是「人」——一位能愛我，因為我所是，因為我所給他們的。而且，一直到現在，他們的確是這麼做的，我知道這是有點冒險。不過很值得。我已經有點厭倦聽到那麼多的——汪汪聲！或是喵喵聲！

現在，他們因他們的罪封閉了自己、逃走，而讓我們沒有辦法溝通。雖然，我不能接受他們的行動，可是我仍是愛他們的，他們是我的子女，一直都是，永遠都是。但是，我有什麼辦法和他們說呢？他們怎麼會理解呢？

啊！亞當給女人取了名字，叫做厄娃。

4 ▶亞當的後裔

我要把仇恨放在你和女人，
你的後裔和她的後裔之間。

——《創世紀》3章15節

厄娃說：「亞當，你應該殺一隻動物來。」

亞當有一點不耐煩地問：「為什麼要我殺一隻動物？」亞當不等厄娃回答，緊接著又說：「難道你要在山洞的地上，鋪上一塊皮草嗎？」

這一天，亞當似乎恢復了點幽默感，因為他正開心地堆著椰子。這個奇蹟性的發現，因為樂園似乎是從土地上、從他們的世界中消失了。樂園——記憶中，這彷彿只像是昨天的事，卻又似已過了許久——久到沒有辦法計算日子了。所以，這些亞當從在樂園中就喜歡的椰子，可說是他從上個星期以來，最快樂的發現——他發現山洞附近有一棵椰子樹。

厄娃沒有回應亞當自以為的幽默，卻語帶保留地說道：「我說的是那些可以拿來做衣服的動物。」

亞當頭也不抬地回答說：「那你現在要用什麼理由要求更多的衣服呢？你已經有了夏天的、冬天的，而且，在夏天和冬天的季節中間，你也已經有衣服了。」

這時候，亞當因為還不知道如何把椰子從下到上、一層一層地給堆疊起來。每當他排到不超過第三層的時候，椰子就全部滾了下來，散了一地。他堆了又堆、排了又排，或是排到第二層，或是第三層，只有一次最高記錄是第四層。厄娃心想：「這個人要那麼多椰子做什麼？還說我的皮衣多！」終於，亞當將全部的椰子都堆好了！他似乎感到滿意，並終於有了多一點的耐心，就轉身走近厄娃。

厄娃解釋說：「現在不是熱也不是冷的問題，而是在我腰下的肚子這邊的這一塊獸皮，好像太小了。」厄娃差點發明了「裙子」這個字，來說明這塊皮衣。

亞當說：「對啊！你愈來愈胖了。你喔！本來就應該要幫我工作，那現在就不會發生這種事情。」

厄娃說：「不是這樣的，很奇怪！在我腰的地方，皮衣是足夠的呀！是肚子比較下面這邊的這一塊獸皮太小了。而且……，我身體裡好有個什麼東西的樣子！」

此時，亞當感到自己的頭腦開始努力運作，立刻開始想這到底是怎麼一回事。有一些圖像和聲音從他的腦海冒出來……。他想起那個下午，天主向厄娃所講的話——什麼懷孕？……而且，天主又向蛇說：「我要把仇恨放在你和女人，你後裔和她的後裔之間。」亞當像是突然理解了什麼，興奮地指著厄娃的肚子說：「對，厄娃，這個就是『後裔』。」

厄娃甜蜜地回答說：「是啊！後裔。」此時，在她體內有一種喜樂的情感油然而生，因為她將成為生命的母親。不久，她又感到胃在抽搐以及不舒服，接著卻暈倒了。亞當立刻將她抱在手中，小心地輕輕放在地上，顧不得他的腳勾到了椰子堆的一角，剛才努力堆了半天的椰子又全部滾了下來。

不一會兒，厄娃就睜開了眼。亞當關心的問說：「你需不需要一點椰子汁？那很不錯，對你應該很好。」

厄娃從來就沒喜歡過椰子汁，不過，她知道這提議是出於亞當的一番好意，為了讓他高興也就接受了。亞當拿了一顆離他最近的椰子，擺出架勢剖開了椰子，倒了點椰子汁在厄娃的口裡。

厄娃說：「我好想要你帶一些水果給我，就是那一天我們和天主在園中散步時，你想要不剝了皮就吃掉的那個水果，還有我好想要聞聞那些小小的花，我好喜歡那些花喔！」

亞當聽了，立刻滿腔興奮地跑離山洞。不過，厄娃的要求讓他有點緊張，他喃喃自語說：「現在，我要去哪兒找橘子呢？或是，到哪兒可以找些紫羅蘭呢？更何況是『同時』！太困難了，這女人的要求可真不容易，我們又不是在樂園之中。」

一想到樂園，亞當的心情就又沉悶了下來，他停止奔跑，改用走的，並且腳步沉重。他再度想起了那天下午所發生的事，以及天主所說的話——天主的話真的實現了；女人愈來愈依靠他，也讓他逐漸感到沉重及不耐煩。亞當想：有時候女人真是個麻煩；而另一方面，土地上的荊棘真是惱人。他的確能體驗到土地是被咒詛的，所有要吃的東西完全要依靠自己雙手的勞苦，還有滿面的汗水才能獲得。不過，他們還沒有死，還沒有回到原來的土地內。「而且，現在我們有個後裔。」亞當一邊走，一邊漫想到這一切。

「對！後裔。」這個念頭好像閃電般給了亞當光明。在離開樂園的那個下午，閃電讓亞當非常害怕，但現在他腦海中這個閃耀的光芒卻帶給他喜樂與興奮。「嗯！後裔的意思不就是說我們不會完全死掉嗎？對！一切不會因為我們所做的事情而結束。後裔的意思是天主的寬恕，天主寬恕了我們，不然的話，天主為什麼還要創造人，而只為了讓人死去。」

隨著這些念頭，亞當的腳步從沉重又回復了輕鬆，似乎是從肩上，卸下了一塊很大、很重的石頭一樣。這是從那天下午以後，亞當第一次敢抬頭向天望去。他沒有看到天主，也知道自己不會再看見天主，不過，他的內心感到一種從壓力下被釋放的輕鬆，因為他體驗到天主的寬恕。他繼續望著天，有一點難過，也有一點想念，幾乎開口向天說了聲：「謝謝」。而且，出乎意料的，他找到了橘子，也找到了紫羅蘭。不只如此，還抓到了一隻跑得不夠快的動物，足以加大厄娃的裙子。亞當回來的時候，厄娃平靜地坐在地上，一臉安詳。

亞當說：「厄娃，你看我給你帶些什麼回來！有你要的橘子和小花，我還抓到了這隻動物，一定夠加寬你要穿的裙子。」他一面講，一面注意到厄娃將椰子堆得很好。

亞當說：「你何必費力做這些呢？更何況，以你現在的身體狀況……。」其實，亞當心中有一點不高興，話語中因此帶點不悅，而不是真的關心和照顧的語氣；因為他不太喜歡厄娃能做得比他還好、還快。

厄娃不回應亞當的情緒，開口說：「亞當，我在想⋯⋯」

不等厄娃說完，亞當接著說：「⋯⋯你在想，我們有後裔的意思就是天主要寬恕我們，對不對？」

這時，兩人相互擁抱，哭了起來。沒有嘆息，而悲喜交集的淚水滑落地面。這樣子的情緒維持了好一段時間，或是為那個下午感到難過，或是為今日所發現的寬恕而感到喜悅。

厄娃輕輕向後退出亞當的懷抱，到離亞當一點距離之外後，看著他說：「我們要稱他做加音（該隱）。」

亞當好奇地問：「你已經知道他是個小亞當嗎？可能是個小厄娃啊。」

厄娃說：「不，一定是個小亞當。他在我體內，我感覺得到。而且，他一定可以幫你，並分擔你外面的工作。你想想看，當你們兩人在一起工作的時候，一切將會變好的。」

亞當又問：「你怎麼會想到這個名字的呢？你好像早就決定好了。」

厄娃答：「你在外面的時候，我就想到了，因為我們是依靠上主的力量得到後裔。

所以，他要稱為加音。而下一個後裔，我也想好了，他要叫做亞伯爾（亞伯）。以後的，就要再看看天主有什麼啓示了。」

亞當說：「沒有小厄娃嗎？你不覺得如果我們家裡有這麼多的小亞當，那家裡的工作也會跟著增加。所以，如果有個小厄娃也很不錯，可以做你的幫手啊！」

厄娃開始忙著準備晚餐要吃的蔬菜，一邊回答說：「好好好！慢慢來，現在我們不要同時做太多太遠的夢了。」厄娃看著亞當幾個月前用泥巴塑成的陶器，想著：「他真有想像力，誰能想到泥巴居然可以塑成這麼好用的器皿呢！」亞當為自己準備了甜點——當然就是一顆椰子，厄娃則比較喜歡那本來似乎是不可能找到的橘子。

厄娃在火堆那頭，回過頭來看著亞當說：「你真的相信天主會寬恕我們嗎？」

亞當回答：「當然，最好是我們能直接問問天主……，可惜，我們現在看不到祂，也得不到祂的答覆。所以，只能靠一些記號囉：太陽還是繼續日出日落，而且我們還沒死。還有，我們正在等待後裔，你覺得這些都是什麼意思呢？」

厄娃說：「本來我也是這麼想的，可是……」

亞當打斷厄娃的話，接著說：「你不要再試探天主了……『再一次』試探天主。」

厄娃聽到亞當這句話及說這話的語氣，有點難過，眼睛垂了下來、臉朝下。亞當趕緊安慰她說：「對不起！我不是在責備你。」

吃飯的時候，厄娃向亞當說出了內心的想法；事實上，這是在亞當帶回橘子和小花以及那隻動物時，厄娃就想表達的心聲：「亞當，你知道嗎？我想要活很久很久，我想要看一看我們的後裔，那個會打蛇頭的後裔。雖然我現在已經感覺到他在我體內，可是我也想要看著他長大、生活。」厄娃帶著甜甜的笑容，低頭害羞地說：「我還想要帶給他那個下午的水果。」

亞當有點激動地說：「對，那天下午的水果是嗎？你怎麼又提到這件事情？已經沒有那個水果了。而且，要看著他長大生活？要活多久？誰曉得未來的事情？而這一切到底能不能發生呢？」

厄娃並不辯解，喃喃地說：「這些想法可能沒什麼意義，可是……，我真的希望見到後裔。」

這一晚，厄娃入睡時充滿著對後裔的希望，並且懷著很大的喜樂。在睡夢中，她夢見年老後的自己到處尋找一個可以安息的地方。終於，她找到了一個小山洞，就如他們現今所住的小山洞一樣。在這個山洞中，有一個非常年輕又很漂亮的少女，在她的懷抱中有個很可愛的小男孩；而在他們旁邊有個小馬槽，還有一頭牛和一隻驢正在那裡吃著東西。

年老的厄娃進到山洞裡，面對著小男孩，俯伏在地好一陣子。經過一段時間的靜默後，年老的厄娃滿眼淚水，緩緩地從自己破舊的衣服中拿了一顆水果，獻給小男孩。小男孩看了看，不過他似乎沒有什麼力氣拿住水果，因而讓水果掉落到地上。這顆水果在地上滾著滾著，來到山洞口，此時有一條蛇剛好經過，就吃了那水果。沒過多久，蛇居然爆炸，死了。

睡夢中，年輕的厄娃，微笑了。

如果，天主寫日記的話……

從他們離開我的那一天起，這是我首度體驗到他們離我比較近的時刻。總而言之，生命是提醒人真正的生命所在。雖然，他們仍離我很遠。不過，我可以感受到他們的眼神中充滿著想念，而這份想念幾乎包含著悔改與祈求。可是，他們還是不懂，他們仍是封閉的。他們如何能藉著這些記號體驗到我呢？他們真的得要走過一段路程，因為他們就是人，永遠是人，不改變的是人——不多不少。

我很高興他們還記我們苦澀分離的那天，我對蛇所說過的話。

我也喜歡厄娃那個天真的希望和她的夢境。

5 ▶ 弟弟的血

上主對加音說：你弟弟亞伯爾在那裏？

——《創世紀》4章9節

亞當坐下來吃午飯時，厄娃向他問說：「你有沒有看到加音或亞伯爾呢？」辛苦工作了一上午的亞當用手擦著額頭上汗水，看厄娃很認真地正等著他的答覆，便說：「沒有啊！我以為加音和你在一起。他早上是來了一下，沒多久就走了。他說他要回家來找亞伯爾。」

厄娃說：「對啊！他是回來過，他說要我幫他洗一洗他身上的那件皮衣。他有問亞伯爾在哪兒？我告訴他，亞伯爾和羊群在一起。看來亞伯爾想要馴服山羊，把牠們變成家裡的牲畜。所以亞伯爾說他會晚一點回來！不過，山羊並不是那麼容易管教的。」

亞當微笑說：「當然囉！山羊喜歡山啊。你認為加音會幫助他嗎？」厄娃的語氣中還是帶著憂心：「誰知道呢？我想加音的個性像山羊的成分大於綿羊，或許比較能懂得山羊的脾氣，馴服牠們。」

「他們不一定可以馬上回來，我們最好先吃吧！而且我還打算先睡一下，下午還有事要做呢！最好加音可以幫忙，但如果亞伯爾也能來，那就更好了。」亞當這麼說。於是他們不等兩個孩子，就先開動了。

亞當對厄娃說：「你燒的草愈來愈好吃了。雖然和以前是同樣的草，不過，味道卻愈來愈好。」

厄娃回答說：「這不是草，你帶回來的是草，而我準備出來的則是菜。至於味道呢，則是有賴於你今天一個上午的勞苦，讓這頓飯菜顯得更有味道，如果是早上吃的話，你就不一定會讚美飯菜好吃了。」他們安靜了一會，專心吃著飯菜。吃到一半時，厄娃才發話說：「他們怎麼還沒回來？……我不喜歡這樣。」

亞當說：「可能他們跑太遠了，發現的時候就已經趕不及回來了。」

厄娃也希望自己能這麼樂觀，不過，她整顆心就是放不下來，她害怕他們發生了什麼事。

亞當說：「反正，一切等吃完再說吧！」

「你最好現在就去找他們，我怕他們發生了什麼意外。」厄娃不安地說。

「怎麼會發生什麼意外？你為什麼一定要這樣呢？東想西想的，而且為什麼老要往壞處想呢？你為什麼不想說羊走失了，或是跑進山洞了，所以，他們去找羊而耽擱了一些時間。」

厄娃心裡也如此希望，不過，她就是無法這麼放心，她就是有種不安的直覺。出於這種不安的直覺，厄娃還是忍不住小小聲地跟亞當說：「如果你現在去找找他們，我會比較安心。」

亞當放下陶碗，很不情願地拿起木棍走出去，心裡想著：「厄娃是不是以為我閒著沒事做？為了她的直覺，讓我放下正在享用的午餐，叫我去找孩子們！」他走著走著突然有點分心，想起了一些可以在地面下長出果實的種子。雖然他不覺得這些在地面下長出的果實很好吃，不過種植這些種子的話，就不用怕冰雹的影響了。冰雹的問題，已經困擾亞當好一陣子。「天主只有提到荊棘會阻礙種子的生長，不過，我種植的莊稼，已經有好幾次被冰雹給打壞了。」亞當邊走邊想著。

午飯過後，厄娃在山洞內收拾著那些亞當用泥土塑成的陶器，並將它們洗一洗。家裡的陶器愈來愈多，她就將它們一一排列整齊。另一方面，她也將亞當在工作時，所需要的器具放在一起。她想起了加音，認為自己的直覺是有道理的。

一直以來，她就不喜歡加音，雖然，懷他的時候是那麼充滿興奮，期待著這個生命的來到。她想著：「我實在不喜歡加音的脾氣，還有他的作為，尤其是亞伯爾誕生之後，他的行為愈來愈過份，最近更不像樣。好像所有事都不順他的意，好像每一個人都不好，而且他總是不正眼看人，特別是不看他的弟弟——亞伯爾，兩人之間竟然像有什麼仇恨似的。」

加音從來就沒有喜歡過亞伯爾，總是看亞伯爾不順眼，三不五時找他麻煩，責備他的不是：或是亞伯爾的羊吃了他一小部分的農作物，或是羊群踏壞了他剛培植的新苗圃，或是羊群沒能給田地留下肥料。亞伯爾對此總是百般忍耐，向加音賠不是，也承諾只要是自己做得到的，一定會改善。不過，加音仍不滿意。所以，厄娃今天真有點驚訝，加音居然會問起亞伯爾在哪裡！也因此，在加音離開後，她便開始有點擔心。而這個擔心，正是因加音居然要到曠野找亞伯爾而加劇。「曠野對他們兩個人來說，一點交集也沒有。」厄娃憂心地想著。

亞當已經在曠野中走了好一段的路了，不過，他沒找到任何蛛絲馬跡。加音不在他平常施作的園地，而在亞伯爾之前走過的山頭，也沒看到加音或亞伯爾的蹤跡。亞當發現自己也開始有點擔心，不知不覺地忘了他的新種子——蘿蔔。他平常對於加音和亞伯爾這兩兄弟之間的關係，不是那麼敏感；他認為厄娃平日說他們兩人彼此鬥爭，是太過火的形容了。

不過，現在他的擔心逐漸轉成了緊張，尤其是在那個山頭，他看到沒有方向、散亂四處的羊群，好像沒人在管理。他原想要往那個山頭前進，卻聽到一隻狗的叫聲，因此改變了主意。對，那叫聲正出自亞伯爾的狗，這狗總是在亞伯爾附近跟前跟後，如同之前在樂園中，有一隻狗在亞當跟前跑來跑去一樣。平常這隻狗總能幫亞伯爾控制羊群的方向，現在羊群卻散亂在山頭的四處。

亞當循著狗吠聲走去，他愈來愈擔心，也愈來愈害怕。他恨不得能快點到狗吠叫的地方，但他同時又害怕到了那裡會找到些什麼。亞當愈走，狗吠聲愈清晰，當他順著狗叫聲轉了個彎時，亞伯爾側躺在地上的身影就毫無預警地映入他的眼簾。亞伯爾的眼睛呼得很大，像是受到很大的驚嚇，地面上則有暗紅的血漬。

亞當探近亞伯爾，他已經了解，卻又不願意接受這個事實。他吶喊著亞伯爾的名字，亞伯爾卻沒有回應；亞當又小心翼翼地碰他一下，還是全無反應。他發現亞伯爾全身冰冷——他死了。在亞伯爾的額頭上，有個明顯的傷口，血就是從這裡汩汩流出。傷口看起來是遭到很硬的東西強力撞擊造成，可能是一把棍杖，似乎又更像是塊大石頭。這不像野獸做的，亞當在亞伯爾身上沒有觀察到什麼動物撕裂的抓痕；而且，附近的草地上也沒有打鬥的痕跡，而亞伯爾的傷口似乎是倒在地上後才發生的，因為亞當看到亞伯爾朝上的面頰沾到一些泥土，卻沒有任何逃脫的痕跡。「這一定是人為的。」亞當痛苦地想。更可疑的是，加音不見了。亞伯爾再不能提供任何訊息來說明所發生的一切，他死了……。「那一天，你們必要死亡。」

亞當背起冰冷而毫無氣息的亞伯爾，離開樂園這些日子以來，每一天的痛苦，似乎都在此時一併排山倒海而來，使亞當感到更為沉重。他走得很慢，很慢。當他回到山洞時，已是黃昏了。山洞內剩餘的炭火，帶來一些光明，但這火紅的顏色，卻又顯得可怕。

厄娃在山洞的一角蜷曲著身子，她看著他，卻沒什麼表情。她一直哭，從傍晚就開始哭，看到亞當只不過是把自己滿腔的情緒一股腦全部發洩出來而已。她從早上就已經有了預感，到中午開始感到害怕，而整個下午，這股焦慮都不曾稍減，反而愈來愈深、愈來愈強。

當亞當背著亞伯爾出現時，只是證實了她的恐懼，只是真正應驗了她的害怕。亞當把屍體放在地上，她才開始靠過來，跪在亞伯爾身旁，先拿起亞伯爾一隻手靠在自己臉頰旁，接著把臉埋在亞伯爾的手裡哭了起來，她的哭聲愈來愈大，時而嘆息，時而喊叫：「我的兒啊，你醒一醒！亞伯爾！亞伯爾！你醒來啊！」亞當則是用雙手抱住她的肩膀，試圖安慰她，但最終還是保持靜默，只是陪著她，分擔兩人共同的痛苦——死亡。現在，他們懂了那句話——「那一天，你們必定要死」——的意思。

亞當帶著沉重的語調，向厄娃說：「我們明天把他給葬了吧！我們挖一個洞，將他放在土裡。現在就只剩孤獨的你和我而已。」

他停了停，又繼續說：「加音，離開了。」

厄娃沒留意這句，因為她已經知道了。她正在想明天要挖的那個洞，還有那一句話——「直到你回到你原有的土中」。死亡、土地，一切都變得清楚，一切都有意義。可惜啊！好長一段時間中，除了厄娃的哭泣聲，或是她那斷斷續續的呼喊聲，山洞裡只有一片沉默。突然間，她轉向亞當，說道：「不只是加音殺了亞伯爾，你和我從那個下午開始，就在扼殺他。」

亞當點頭同意，並把厄娃扶了起來，說道：「休息一下吧！反正，現在我們什麼都做不了。」

這一天，成年的厄娃帶著痛苦和難過睡著了，她作了一個夢：那年老的厄娃到處尋找一個可以安息的地方。終於，她找到了一個小山洞，就如他們現今所住的小山洞一樣。在這個山洞中，有一個非常年輕又很漂亮的少女，在她的懷抱中有個很可愛的小男孩；而在他們旁有個小馬槽，還有一頭牛和一隻驢正在那裡吃著東西。

年老的厄娃進到山洞裡，面對著小男孩，俯伏在地好一陣子。經過一段時間的靜默後，年老的厄娃滿眼淚水，緩緩地從自己破舊的衣服中拿了一顆水果，獻給小男孩。小男孩看了看，不過他似乎沒有什麼力氣拿住水果，因而讓水果掉落到地上。這顆水果在地上滾著滾著，來到山洞口，此時有一條蛇剛好經過，就吃了那水果。沒過多久，蛇居然爆炸，死了。

此時，睡夢中的老厄娃只有一絲絲的微笑，因為她背負著所有人類——生命的痛苦。

如果，天主寫日記的話……

沒有捷徑。在我和人們之間有著很長的距離，今天又出現了兩個很大的阻礙：痛苦和死亡，而這兩個阻礙很可能其實是一體兩面。這又是一個離開我的理由……但，又同時是一個需要我的理由。

我看見他們的無能為力，也體驗到他們的痛苦。我和他們一起生活，經歷這沒有意義的死亡，甚至是一點也不合理的暴力死亡——以及因著兒子死亡，而有的痛苦……。

假如他們知道，不只是他們，不只是他們體驗到痛苦……。

可是，現在我能為他們做的就是給他們時間，從他們離開我那天下午開始，我所能給的時間……「直到」你回到你原有的土中。他們會接受時間這個禮物，雖然他們不懂。

6 ▶在山上造一條大船

上主見人在地上罪惡重大，
人心天天所思念的無非是邪惡……
惟有諾厄在上主眼中蒙受恩愛。

——《創世紀》6章5節、8節

諾厄（挪亞）剛從葡萄園回來，一坐下來休息，他的兒子們——閃、含、耶斐特（雅弗）就前來圍繞在他膝前，伺候他，與他談談今天一整天的生活。在這之前他們正在照顧厄貝爾，這位老牧人今天下午遇到一群強盜。諾厄與耶斐特父子倆的談話不知怎麼的，突然大聲起來，原來是諾厄實在難以相信小兒子耶斐特的敘述。

諾厄搖頭說：「我跟你說，你一定是看錯了，不然就是看不清楚。這不可能！怎麼可能呢？」

耶斐特很肯定地說：「不，父親。我沒有看錯，而且還看得很清楚。那群強盜當中有一個是巴辣安，就是我們的鄰居巴辣安，至於其他人是誰，我不知道。」

諾厄皺起了眉頭：「你怎麼能肯定呢？」

耶斐特回憶著當時的情景，說：「因為有那麼一瞬間，巴辣安的面罩滑了下來；雖然他很快又將面罩綁回去，臉露出來的時間不長，但已足夠讓我認出他。那時我正在田間的樹叢中，他們沒有發現我。他們彼此間沒有交談，只偶爾發出一些聲音，好像是暗號；因此老厄貝爾無法認出他們到底是誰，更何況，他被傷得很嚴重，也許根本也看不清楚、聽不清楚了。」

諾厄的眉頭皺得更深，彷彿整臉都糾結了起來：「可是，你說你是從很遠的田裡看到的，怎麼能這麼確定呢？」

耶斐特繼續說明著：「因為當時陽光正好照在他們臉上，所以我可以很清楚地看見他們，認出他們一點也不困難。」

諾厄還是無法相信，也不願意相信他所聽到的這些話。耶斐特居然說在他們附近偶爾會出現強盜——那些傷害牧人和羊群的強盜——是自己的鄰居！在震驚之下，諾厄有好一會兒說不出話來；但只片刻，諾厄又安慰自己說：「如果巴辣安真是強盜的話，那麼，大家就會把他趕出我們這個村莊。」

另一個兒子含卻接口說：「可是，他們勢力好像很大，他們說他們有什麼神的兒子保護他們，好像就是那些偶爾會經過我們村莊的巨人。」

諾厄帶著生氣的語調，說道：「不要說什麼巨人、什麼神的！我早已和你們講過幾千次了，只有一個天主，就是那創造天地的天主。這是從我的祖父默突舍拉（瑪士撒拉）跟我說的，只有一個天主。而且，我們的祖先厄諾士（以挪士）是第一個以上主的名字，呼求祂名字的人。沒有什麼其他的神，也沒有什麼神的兒子——巨人，呸！」憤怒的諾厄因為太過激動，滿臉通紅，還咳了起來。這些巨人、多神的主題是讓他最生氣的原因之一，偏偏他的鄰居卻最喜歡談論這些話題。

這時，諾厄最年輕的媳婦帶著水壺從水泉回來，一邊說道：「那邊有一些人讓我覺得不舒服，覺得有點兒可怕。」

諾厄不以為意地說：「你是不是太大驚小怪了？那只不過是傍晚一些樹的影子罷了吧！」

媳婦才進入家門，水壺都還沒放下；當她聽到諾厄這麼說時，有一點不悅：「是啊！有可能是樹影。不過，樹影不會跟著你，也不會動。」她覺得大家不相信也不重視自己講的話。

接著諾厄的二媳婦上前來宣布說：「大家可以吃晚飯囉！」整家子人也就沒再繼續這樹影與人的話題，去用餐了。

就在大家吃完飯時，諾厄提說：「耶斐特說的事，一定要趕快確認清楚究竟是怎麼一回事。我還是覺得這不太可能——這怎麼可能呢？好。我們馬上去找巴辣安，問個清楚，聽聽他怎麼解釋。」語畢，諾厄就出門往巴辣安的家去，三個兒子也跟著他，他們個子都蠻高蠻壯的，是年輕力壯的青年。就這樣，這四個人以穩定的節奏一步一步走向巴辣安家。

巴辣安有點意外諾厄來訪，不過他小心翼翼地不讓自己的驚訝流露出來，仍是以親切輕鬆的態度招呼他們進入家中。此時，他家中已有四、五個客人，其中一個也是他們這個村莊的居民，但諾厄和他不是那麼熟，因為他是住在村莊另一頭的半山腰上，而另外幾個面孔則是看都沒看過。在諾厄與兒子們進到巴辣安家中時，這些客人中的一個就藉故離開巴辣安的家了。

巴辣安面帶微笑向諾厄說：「諾厄，近來好嗎？你最近在栽種的那些植物都還好嗎？已經可以站立了嗎？」巴辣安想起諾厄在培植時遇到的困難。諾厄總是嘗試用各式各樣的方法，撐住那些不斷長高的植物。

諾厄和巴辣安談了一些關於村莊以及莊稼的事情，不過，巴辣安的其他幾個客人已顯得不太耐煩。諾厄一注意到，便馬上說：「是這樣子的，巴辣安，我來拜訪你是要問你一件嚴重的事情，不過那也可能沒什麼，只是順口提一提而已。今天下午厄貝爾被一群強盜攻擊……你是其中一個對不對？」

巴辣安立刻回答說：「什麼？不可能！你別開玩笑了。我今天下午都在挖水溝，要把水從河邊引進我的白菜園啊！」

諾厄很疑惑地說：「奇怪！今天下午我媳婦都在河邊洗衣服啊！她說她沒看到任何人在那兒——沒看到你，也沒看到其他人啊！她倒是說昨天有看到你在那邊工作。」

巴辣安愣了一下，說：「啊！對！我是昨天到河邊的，今天下午是……」

諾厄不等巴辣安說完，接著說：「耶斐特說他看到你，看到你是強盜當中的一個。」

巴辣安為自己辯解：「那你兒子的眼睛一定有問題，他一定是看錯了。」接著他用玩笑的口氣說：「搞不好他把驢子的頭看成是我的臉，那我可是要生氣囉！他居然把我和驢子給混在一起。」

耶斐特很不高興有人懷疑他的視力，馬上向巴辣安說：「我知道我看到什麼，而且還看得很清楚，我的眼睛非常好。」

巴辣安露出生氣的模樣，反過來質疑耶斐特：「我怎麼會在強盜之中呢？」

諾厄注意到，在言詞中，巴辣安始終都沒有否認自己不是強盜。於是諾厄正色向巴辣安說：「從剛剛到現在，你也一直都沒有親口否認你不是強盜。」

諾厄這話一說，原來在巴辣安家中作客的人都站了起來，擺出要與諾厄他們對戰的樣子，又上下打量著，像在思索著自己的人手是否足夠應付諾厄他們。巴辣安注意到這一觸即發的緊繃氣氛，當下立刻決定不要硬碰硬。於是他打算要說服諾厄：「諾厄，坐！坐！坐！你聽我跟你解釋啊！諾厄，你想想看，你天天在田裡工作，又挖土、又種植、又澆水，從太陽出來到太陽下山，每天都是那麼辛苦地工作著。不過，你又得到了什麼呢？你整日辛苦，卻只是剛剛好夠吃飽而已。你什麼時候能送你太太那些漂亮的耳環和首飾呢？而且，你太太和媳婦們也一直辛苦地工作，管理家務，打掃環境……如果時間允許的話，還得到田裡和男人一樣工作。你沒有別的東西可以給她們嗎？」

諾厄臉拉得很長，非常不悅：「對，我能給的不多。不過，至少很踏實。東西再怎麼少，也比偷窮人的東西還好。」

巴辣安說：「對！這就是關鍵。厄貝爾本來就快要死了，他沒有家人。所以，他的東西誰先拿到就是誰的啊！我們不過是早一點拿走而已啊！」巴辣安嘴微微上揚，再也忍不住笑了笑。

諾厄臉色大變，瞪大了雙眼：「你居然還敢笑！」

巴辣安聳了聳肩：「既然你已經都知道了……那這樣好嗎？你要不要加入我們的組織？我們正在商量要怎麼攻擊那些住在山坡上的牧人。」

諾厄激動地擰著雙手說：「你們怎麼可以這樣？他們都是些溫和的人，他們從來也沒犯過誰，沒攻擊過誰啊！」

巴辣安挑著眉毛說：「你不記得上次，他們的羊吃掉你田裡一半的麥子嗎？你那時一定氣壞了吧！」

諾厄的聲調還是平靜不下來：「當然。不過，他們已經向我解釋過了，我也就把這把這事給忘了。」

此時，那個也是住在這村莊的人突然接口說：「我的記憶力比你好多了。他們曾賣給我一些羊，不過，都是些瘸腳的，不然就是生病的。你也最好不要向他們買羊奶，稀得很，倒不如去水泉拿水就好了。還有，不只是你田裡的麥子被羊吃掉，有時候在旱季雨水不多時，山坡上的草不夠，那些羊總會悄悄跑到我們河邊的菜園，然後把菜吃掉。

更何況，那些牧人在山坡上待了那麼久的時間……，誰知道他們會和誰發生些什麼關係呢？」

巴辣安繼續說明他的計畫：「既然你說他們都是些溫和的人，那不也表示他們很容易被捉住？所以我們打算找一晚攻擊他們，偷走他們的羊。我們計畫好了，過幾天在猶巴爾水泉邊會有一個市集，我們最好就在那之前行動，這樣一來脫手比較方便。」

巴辣安的另一個夥伴說：「山坡那邊不會有什麼人，因此不會再發生類似今天這種被人發現的狀況，也不會有其他人來打擾我們。」

又一個巴辣安的夥伴接著說：「而且，我們攻擊他們的羊群時，他們如果不聽話，我們就連人一起捉走，再到市場把他們賣給人做奴隸。他們的女人或女孩子，我們也可以便宜一點賣給巨人——畢竟我們也應該付一點保護費給巨人們。」

其他幾個夥伴紛紛附和說：「是啊！安全是最要緊的，我們需要有力的靠山。」

這時諾厄已經氣到整個臉都漲紅，連話都說不出來，還一直咳嗽個不停。於是他的三個兒子馬上將他帶到戶外，讓他透透氣。等他終於喘過氣來時，他的兒子們便說：「父親，讓我們回去將這些人一個一個殺掉。」

諾厄搖了搖頭，跟他們說：「不，不能這麼做。第一，殺掉他們並不能解決問題，而且殺人比他們所想做的壞事還更壞。再者，我們也不一定贏得了他們。我們該做的是提醒那些牧人，好讓他們有所準備。而且，我們如果幫得上忙的話，就幫一幫他們。」

閃摩拳擦掌地說：「我的手已經開始癢了。」

諾厄很堅定地看著這個兒子說：「那你得控制一下。還有我們也要當心……，耶斐特，從明天起，你每天得陪你太太到水泉那兒。而且，以後我們的家每天至少要有一個男人留守，工作時也要一起去。我不願意他們把我們家任何一個人，當做祭品或禮物奉獻出去。」

從這一天起，諾厄全家就一齊動員，他們砍了許多樹，再將它們運到最近的一座山頭上。所有鄰居都很訝異他們的舉動，也搞不懂他們到底在做些什麼。他們閒言閒語地互相說道：「這個諾厄放棄了他的莊稼，甚至他最喜歡的葡萄樹。他是不是瘋了？他為什麼要砍那麼多的樹呢？」

幾個月後，諾厄在山上做工作，逐漸有點規模了。不過，人們還是看不出他是在幹什麼，不明白做那些東西有什麼用。他打造的木頭，底部是圓圓的，前後兩端是尖尖的，而在上部則是四四方方的，有點像間房子。去過漆冬港的一位鄰居，向大家說道：「我知道諾厄在做一艘『船』，我在漆冬港看過。」而另一個鄰居，也曾在船上工作過一段時間，則是笑了笑說：「你懂什麼啊！諾厄所做的『那個東西』前後都是尖尖的，難道他的『船』要往前也要往後嗎？更河況，它怎麼會動呢？沒有槳也沒有帆，船要怎麼動？」

另一個人接著說：「最不可思議的是，他居然要在船上蓋一間房子。」又一個人嘲諷地說：「最該驚訝的，是他把船放到山上。」

他的話讓看熱鬧的一大群人都大笑了起來。

如果，天主寫日記的話……

全地上的人都充滿罪，沒有人是沒有罪的。他們離我愈來愈遠。現在要來一個洪水，瀰漫整個大地，所有人、所有生物，包括在地上爬的、天空中飛的都會死去。一切將會重新開始。不，不完全是重新開始。

不盡然是從零開始，受造還是好的，是人使它髒了。現在，水會好好洗淨這一切。不過，我已經安排好了。不是完全毀滅，我己選擇了諾厄，因為他總是盡量遠離罪惡，也不願意和其他人一起作惡，為此我憐憫他。他是一個記號，為了灌溉新生命的種子。他和他的兒子們所造的方舟，將能使他們一家人在水上保持性命，而且我已告訴他說：要將其他動物一對一對帶入方舟內。那麼，生命將會比第一次創造發展得更快。

7 ▶彩虹的應許

七天一過，洪水就在地上氾濫……
諾厄等待了七天，又放出了一隻鴿子……
「我把虹霓放在雲間，作我與大地之間立約的標記。」

——《創世紀》7章10節；8章8節；9章13節

巴辣安坐在自己家門口，想了想最近做的「大」事，以及從中獲得的「好處」。不過，他其實已開始有點不安和緊張，因為鄰居們似乎發現了他新入手的財物，巴辣安甚至覺得他們因此心生妒嫉。巴辣安已盡量地隱藏自己的財物，可是，他的經濟狀況似乎是好得太明顯，明顯得不得了。「而且，我告訴你，這些東西不只是從白菜園裡來的。」巴辣安有一次路過鄰居家門口時，遠遠地從兩個女鄰居的交談中聽到這樣的對話。「那麼，他們或許已經知道，不然就是起疑了。」巴辣安不安地想著。他決定暫停一段時間，不參加「團體的行動」。他有信心這麼做，因為攻擊牧人那次行動（雖然他們遭遇諾厄的干涉，本來應該延後行動的）讓他們賺了不少錢，「夠用」好一陣子了。在那次「團體的行動」中，他搶到很多的金子，並把它們藏在只有自己才知道的地方。一想到諾厄，巴辣安下意識地抬起頭來看著對面的山頭；嗯，諾厄的船塢還在那邊。而且，最近幾天諾厄一家似乎有很多動作，總是看到他們帶領並催促動物進到船艙裡。

「這個諾厄真是瘋了。他真的要去那麼遠的地方嗎？到底是要去哪裡呢？有需要準備那麼多的食糧嗎？或許是因為他的心地過份善良，所以，他發瘋了。」巴辣安胡思亂想著。此時，天空中開始飄著一點毛毛雨，巴辣安不以為意，仍逗留在外。巴辣安的太太則是一發現下雨，就趕快到門外的樹叢上把正曬著的衣服收下來拿回家；巴辣安卻氣定神閒地對她說：「放心啦！這只是一點毛毛雨罷了！」

一開始，的確只是些毛毛雨。可是，這雨持續下了一個鐘頭、兩個鐘頭、四個鐘頭、一個下午、一整天、好幾天……。雨繼續不斷地下著，水開始瀰漫了整個大地，水面愈來愈高。村莊裡所有房子都被水淹沒了，包括他們的田地、菜園，以及羊群，到後來甚至是山谷、山嶺，也都被水淹沒了。慢慢地，諾厄建在山上的「房子」開始浮了起來。

終於，雨停了。諾厄打開窗戶，向外看了看，舉目四望，除了一片汪洋，什麼都看不到，沒有鄰居，也沒有什麼牧人，更沒有什麼強盜。向四面放眼望去，所能看到的，只有水。這種規模的洪水是他們從來沒有看過，也從來沒有聽過的，水究竟要漲到多高呢？而且，它遍布得有多廣呢？他們身處的方舟，離原本陸地的地面有多遠呢？最重要的是，他們還要在方舟裡再待多久，要等多久才能離開方舟呢？他們只能一天又一天耐心地等待水逐漸散去。

直到有一天，諾厄猜想水大概已經退得差不多了，他放出一隻烏鴉，去探探大地淹水的狀況。烏鴉，反正就是個烏鴉嘴，沒有回來報告土地已乾了的好消息。諾厄又等了幾天，再放出一隻鴿子。鴿子不需要什麼旗子的指示，也不用槍響聲的提醒，馬上就往方舟外遠遠地飛了出去，因為牠早就按捺不住想要展翅飛翔。鴿子從方舟的這處開始尋找水淹到哪裡結束，牠飛來飛去，看著自己的影像映照在平靜無波的藍色水面上，彷彿自己是大海中唯一的一艘小船。水面非常平靜，如同鏡子一樣。鴿子飛了飛，累了，就又回到方舟；因為除了方舟，牠找不到任何地方可以停下來歇息。

又過了一個星期，諾厄又放出一隻鴿子，這次這個信差倒是過沒多久就回來了，而且牠帶了個東西回來——牠的嘴裡銜著一點翠綠的橄欖樹枝。很清楚地，有一個象徵就此出現了，它是和平的象徵，代表大地與人之間的和平。也就是從那時起，鴿子成了代表和平的記號，當然，最好是銜著一枝橄欖樹枝。鴿子代表平安，而橄欖樹枝則是勝利的象徵，因為大地再次擁有了平安，翠綠的樹枝反映生命的延續與生生不息，配合對映出方舟保存了生命。是的，生命勝過水的侵襲，獲得了平安。

再過了幾天，諾厄第三次放出鴿子。不過，這次鴿子就沒再回來了。何必呢！危機已經過了，又回到平凡的日子——平安的日子。鴿子無需再回到方舟，牠應該自行覓食，並且到處都可以落腳休息；牠重獲自由，是既高興又充滿冒險感的自由。

諾厄和他的家人見鴿子沒有回來，便離開了方舟。他們發現自己所在的位置離熟悉的地方並不遠，事實上方舟並沒有移動，也沒有漂離原來的山頭。於是諾厄很自然地想回到原來全家人所居住的村莊，但沒想到這竟不是件容易的事。所有的道路都隱沒不見了，風景也完全改變了，全部披著厚厚好幾層的泥巴。觸目所及，只剩一種土黃的顏色，好像一切都髒兮兮的。看到這裡，他們對原來風景的印象，已全然模糊不清。

諾厄振作一下精神，大聲說道：「我們就等待下次再下雨吧，看看下次的雨水是不是可以將所有髒泥巴給洗去……。看看這些樹，真的很可憐。」

諾厄的太太一聽到「下雨」，就顯得有些緊張。不過，她轉過頭看了看方舟，便又放心了。

他們慢慢地走，憑著地形與所有殘存的記憶，再加上彼此確認與討論：這裡原來應該是條水溝，而這邊可能是以前村莊旁的山丘……。就這樣，他們時而前進，時而倒退，或是繞個彎，試圖摸索著回到原本的村莊。

但是，他們還是沒能到達「原本的村莊」，不過他們總算是站在村莊原來所在的那個位置、那塊土地上了。再沒有什麼「原本的村莊」了。村子裡的房子本來是用些竹片以及泥土堆砌的，不過，它們全都被水給破壞了，只剩下一些倒在爛泥巴裡亂七八糟的竹片，讓人聯想到這裡原來應該曾有些房子。村莊裡也沒看見什麼屍體，或許是人們看到的洪水暴漲都往比較高的山頭走了。諾厄家以前在村莊所住的房子，也和其他房子一樣完全不見了。可是，他們不願意再住回方舟，畢他們已經住在方舟太久了；既然水退了，應該在陸地上找一個地方過夜。

諾厄理了理頭緒，從驚訝中回過神來：「我們先想個辦法，暫時住個幾天吧！以後，我們再慢慢把房子蓋起來……，或許也可以多蓋一些房子。」諾厄看了看他的兒子和媳婦們，若有所思地說著。

閃回應父親的話：「至少今天我們可以先找到一個比較平坦的地方，搭些帳棚，就可以在裡面睡上一覺。」

含總是比較容易看到事情的困難度，便反駁說：「我們哪有什麼工具或材料可以用來做帳棚呢？」

耶斐特比較積極，「比方說，這邊有一堆死了的動物，我們可以利用牠們的皮啊！」

含了撇了撇嘴：「這我知道。不過，很臭呀！」

耶斐特把手一拍，說：「對，正因如此，我們更應該趕快把牠們的皮剝掉，讓牠們可以快一點腐爛，成為大地的肥料。」

耶斐特的太太看起來有點煩惱，接著說：「可是，我比較關心的是，我們要吃些什麼呢？方舟上的食糧已經吃的差不多了。」

諾厄的另一個媳婦也說：「而泡在水裡這麼長的時間，所有的植物應該也都已經爛掉了……。哈！可憐的巴辣安，他的白菜！」

閃試圖鼓舞大家，「沒關係。它們都可以成為種子啊！」

含的太太也和含一樣提出懷疑說：「可是，你知道的，種子需要時間才能長大。你總知道吧？可不是早上栽下種子，晚上就可以吃到白菜的。」

含雙手一攤，「好吧！我們可以吃些雞蛋。」

諾厄看著兒子和媳婦們討論，最後開口：「我們也可以吃肉。天主說了，離開方舟時，我們也可以吃些動物的肉。」

含看起來有點不可置信，「該不會是耶斐特要拿皮來做帳棚的那些動物的肉吧？」

諾厄很肯定地說：「不，不可以吃死掉的動物的肉。」

諾厄的太太不解地問：「可是我們帶進方舟的動物很少呀！每種動物只有一對，如果我們吃掉牠們，那麼，牠們就無法再繁衍，要就此消失了。」

諾厄下個結論說：「那麼，我們就吃那種繁殖力很快的動物吧！」

諾厄的一個媳婦帶著一點傷感，小小聲地說道：「可憐的兔子。」

過了幾個月，他們已經弄妥帳棚，也開始整理土地準備種五穀。而全部的土地都已有豐沃肥料的滋養，因此他們種的蔬菜長得很快，也長得很好。諾厄想再試試看他之前所栽種的那種植物，就是他在收到洪水來襲的警訊前，做了各式各樣努力來扶植的那種植物。

還好，白天沒有再下雨了，雨都是下在晚上。也許是天主不願意再讓雨嚇到他們。他們總是在一覺醒來的早晨，發現地上溼溼的，而且慢慢也發現，大地似乎也愈來愈乾淨了。漸漸地，綠色點綴了樹及草，石頭也變回原來的灰色。而溪水中流動的水也已變得乾淨，映照出天空的蔚藍；各式各樣的花朵爭奇鬥妍，展現出生命的活力。森林裡，也開始出現動物的蹤跡——即使牠們的生長沒有蔬菜那麼快，但也漸漸開始繁衍眾多了。

一天的下午，又開始下起雨，而且是場暴雨。不過，只有一下子的時間，沒多久他們這一處就不再下雨了，只是遠方似乎還在下著雨。諾厄的太太一聽到雨聲就非常害怕，馬上就跑進帳棚裡。聽到雨聲已經結束，才離開帳棚，往方舟的方向望去，想要看一看方舟。

諾厄卻手指著相反的方向，對太太說：「不要往那邊看，你該往這邊看。」女人順著諾厄手指方向望去，看到一樣自己從來沒有見過的漂亮東西，好像一個五顏六色的弓，懸掛在天空中一樣。它好像是空氣做的，非常非常的大，橫跨整片天空。它是怎麼立在那兒的呢？它怎麼會有顏色呢？又不是畫在木頭上的色彩，而且，怎麼會有這麼多顏色呢？有紅、有黃、有綠、有藍……女人一看見這個，感到非常驚訝而欣喜，目不轉睛地盯著它看。

諾厄向妻子解釋說：「這是彩虹。洪水結束以後，天主把它放在天空中，作為一定不會再有洪水的記號，這記號就是天主給我們的保障。所以，我叫你不用往方舟的方向看了，而要看著彩虹。」

如果，天主寫日記的話……

洪水來了，該發生的就發生了。這樣的一個洪水，令我有點悲傷，我已經安排好了，不會再這麼發生了。我應該稍微修改一下子創造，以後暴雨不會再那麼強烈了。諾厄和他的家人都被保存而活了下來，這就是方舟的目的。

不過，他們現在得面對最困難的事了。他們要更新這塊大地，讓人得以生活。他們也要開始使棕櫚樹、玫瑰發芽、開花，讓無花果樹、橄欖樹、葡萄樹長大、結實，還要讓麥子再一次地生長、結穗。

給他們兩個記號好讓他們感到安全，鴿子和橄欖樹枝是人們與大地和平的象徵，而彩虹則是天上和平的記號。不會再有洪水了。

我是這麼說的，並且我這麼做了。

8 ▶歷史上第一個釀酒人……

諾厄原是農夫，
遂開始種植葡萄園。
一天他喝酒喝醉了……

——《創世紀》9章20～21節

孫子說：「爺爺！你給我做的這個雞籠，很不好耶！」

諾厄彎腰低頭看著孫子說：「哪裡不好，很好啊！我做了一個桿子，雞可以站在上頭睡覺啊！我又做了一個可以讓雞喝水的容器，以及一個洞口可以放進牠的食物，還有，我也做了個雞窩。」

孫子疑惑地問：「什麼是雞窩啊？」

爺爺耐心回答說：「雞窩就是雞生蛋的地方啊！」

孫子「喔！」了一聲。

爺爺說：「所以，我做得很好，不是嗎？」

孫子跺著腳，不耐煩地說：「不好，不好。你看！這個雞籠很爛，裡面沒有雞。」

諾厄的兒子們都住在諾厄的帳棚附近，並按照諾厄剛離開方舟時的建議，為自己蓋起房子。可是，諾厄卻想待在帳棚中生活。他說：「我不想再蓋一間房子了。反正，我自己也不知道我還能活多久。唉！誰知道我還能活多久！」

相反的，諾厄的每個兒子則是各自蓋起房子，而且房子都蓋得相當大，因為所有的土地都是他們的，至少以前村莊所留下來的整片土地都是他們的了。他們打算用比較好的材料來蓋自己的房子，不要再用竹片或是泥巴之類的。嗯！比方說用木頭就比較牢固了，免得再有什麼「意外」。也因為他們採用比較堅固的木頭來蓋房子，所以，他們開始嘗試蓋二、三層的高度。當然，他們所用的木頭大多是來自方舟，反正父親說，他們不再需要方舟了。方舟的木頭比較方便採用，材質也比較好，因為其他泡在水裡那麼久的樹木、木頭，肯定不是那麼好，可能不夠堅硬，或是都有點腐朽。諾厄見到兒子們的建築感到很有意思，很有創意，房子居然可以有一層一層的。

諾厄說：「我曾聽過我年老的祖父默突舍拉說過，人本來是居住在山洞裡，可是他們卻不能將山洞移到他們想生活的地方。慢慢地，他們寧願為自己做個山洞。先是有些帳棚，接著，才有比較穩固而不再移動的房子。不過，他們從來沒有想到你們的主意，把一個山洞放在一個山洞之上。」

兒子們回答說：「這不就是你的發明嗎？你不記得方舟嗎？方舟裡面不就是這樣的嗎？」諾厄真的忘記了，更何況，他也沒想到原來地上也可以有這樣的結構。

耶斐特說：「我們的確需要幾個樓層，而且馬上就會住滿了。」

沒錯，諾厄的兒子們所建的樓層，很快就要被他們的孩子給住滿了。因為諾厄的每個媳婦每年總會生一、兩個孩子，有時候甚至是兩個、兩個，諾厄為他們取名字：哥默爾、瑪哥格、瑪待、雅汪、雇士、米茲辣、客納罕、厄藍、亞述、阿蘭……而沒有算女兒……。

諾厄充滿著幸福，幽默地說：「我說：媳婦啊！妳們生孩子的速度，似乎比我想孩子們的名字還要快。我的想像力快要被妳們用完了。」

這樣子的幸福，也深深感染奶奶。每一天，她總會想些新的方法來烤肉，為的是引起不想吃飯的孫子的食欲。為了讓孫子們把菜都吃光光，每天菜色也得有變化。為了讓這些挑剔的孫子們對吃飯感興趣，每天都有新發現，或是發現胡椒、茴香來增添菜的味道，或是發現蔥頭、蒜苗來加強菜的香味與顏色。有時候，奶奶會假裝藏起水果來，然後，讓孫子們去找。不過，不久之後，可真的要把水果藏好了，免得孫子們很快把水果吃完，卻吃不下其他飯菜。

日子一天一天度過，諾厄仍在他的菜園中忙碌著，他的兒子也會幫忙，特別是收割的季節，全家都得一起下田，人手才足夠。收成五穀便是這樣很繁重、很需要人手的工作，不過不是整年如此。反倒是菜園的採收，雖不那麼需要人手，卻得天天到菜園裡工作：種蔬菜，採蔬菜，讓土地休息一下。然後，又換另一種蔬菜種，沒多久又可採收了，期間也要撥鬆土壤、放些肥料，以及預防蟲子吃掉蔬菜。諾厄心想：好險！帶上方舟裡的蟲子只有一對。還有，這些蝸牛怎麼似乎爬向菜園的速度比當初帶牠們進入方舟的速度還要快。

諾厄每天就這樣的工作著，每天也有滿滿的喜樂。他看著土地，愈來愈有生命力。天空中，也有愈來愈多的鳥兒飛翔著。森林裡，有著偏布四處、更多更多生物的聲音與蹤跡。不過，他最不喜歡的就是蛇，因為他有個模糊的印象，曾聽過祖父默突舍拉說過一個關於惡蛇的故事。他本來是不打算帶蛇進入方舟的，他多麼想自然忘了帶牠進入方舟，心裡念著：蛇應該不必帶入方舟吧。不過，天主卻明明白白地告訴他，蛇也要帶入方舟。

農閒時，諾厄仍繼續嘗試種那些植物——葡萄樹。葡萄樹的樹幹似乎不夠強壯，無法支撐本身的重量。諾厄總得想些辦法或是用木棍或用好幾根木棍，把它們撐起來。如果什麼也不管的話，它們自己不可能站得住。諾厄的兒子認為，父親根本是在浪費時間。不過，他高興就好，就讓他試一試。反正，忙碌也比較不會無聊。

可是，沒過多久，從諾厄帶一串葡萄回來那天起，他們馬上就體驗到，那植物的果實相當甜美、好吃。諾厄說：「大家來吃吃看。」大家於是一顆接一顆吃了起來，一下子就吃光了。

有一天，耶斐特說：「這種植物真奇怪，它自己本來是沒辦法直立，可是，一有東西可以依靠時，它就能長得很高很高，而且長到幾乎讓人搆不到果實的地步，只能讓人看到這些果實的影子吧！」耶斐特的說法，讓諾厄有了好的點子，他想：對！我可以將這些植物靠攀著兒子們的房子來種啊！這麼一來，至少它們能給房子帶來影子，而且我們可以從二樓或三樓的窗戶來摘它的果實啊！

有了這個點子後，諾厄就繼續栽培這些植物。有一天，他又想到：我可以將比較小的枝條剪去，如此一來，其他比較粗的枝條就有更多的營養，也會長得比較快、比較好。而且，如果只留一、兩個強壯的枝條來支撐它們的生長，也就不用找其他木棍來撐住它們，往後採集果實也比較方便。慢慢地，這個想法與經驗逐漸有了好的成效——諾厄有了一座相當成功的葡萄園。到了採集葡萄的日子，他們採收了很多很多的葡萄，也就不再需要藏起它們。無論是深色或淺色的葡萄，大家都喜歡，小孩子尤其喜歡吃那些比較甜的淺色葡萄。

諾厄的二媳婦說：「問題是，孩子們一吃這些水果，就很容易把自己搞得髒兮兮的，你看，他們一壓就會有汁液流到衣服上，然後，他們的臉啊！手啊！全都黏黏的。」

諾厄的另一個媳婦接著說：「還好，沒有比桑椹的汁更可怕的。誰能想到我們的家門口居然有一棵大桑樹。」

含接口說：「洪水之前，它就已經在了。」

含的太太表示：「可惜，它們還在。孩子們衣服留下的桑椹汁，怎麼洗都洗不掉。」

諾厄一注意到媳婦們的話，馬上靈機一動，偷偷拿幾串葡萄，打算試一試這些果實的汁，不過，諾厄的太太第二天就發現葡萄莫名其妙地少了。諾厄開始將這些葡萄放進一個大碗裡，然後，把它們壓一壓、擠一擠。他喝了一點，覺得很好喝。又把一些裝在一個瓶口比較高的容器，這樣喝起來更方便。

但是諾厄最喜歡的還是他的孫子們，他們跑來找他問說：「爺爺！你和我們講講洪水的故事。」

另一個孫子問：「爺爺！洪水是什麼？」

另一個又說：「是天天下雨嗎？還是只有白天下雨呢？」

又一個說：「那麼，動物都在方舟裡面幹嘛？牠們在做什麼呢？現在，只要有一會沒讓小黑狗跑一跑，牠便不耐煩地一直叫。而且，驢子只要一過喝水的時間，也會一直嘶叫，很吵的。」

另一個想做打獵工作的紅頭髮孫子，又問說：「那麼，老虎常常又吼又叫的嗎？」

諾厄的一個孫女問說：「狗和貓在裡面有沒有打架？」

另一個問：「那你們呢？你們大人在裡面不覺得無聊嗎？整天在方舟裡面，也不能跑，也不能玩，那一定很無聊，也不能玩捉人遊戲對不對？」

諾厄心想：真是沒錯，一個孩子所能問的問題，比一個有智慧的人所能思考的問題還多得多。感謝天主。好險！洪水是發生在他們這些小鬼頭還沒出生的時候。你想想看，誰有辦法待在方舟裡，還帶著這些既沒耐性又愛發問的孩子們？

田裡的工作催促著他們進行下一次的播種，為了播下新的種子，他們要再一次挖鬆土地。秋天到了，葡萄也都吃完了。不過，榲桲樹卻已經開始結果了。全家大小都吃著榲桲果，一點也不想念葡萄了。接著，冬天來了，他們什麼工作也做不了。慢慢地，櫻桃樹、蘋果樹又再度開花，小麥也發了芽，他們又開始另一段忙碌的工作。

有天傍晚，諾厄從田裡回來，想要找一個容器時，發現那個瓶口比較高的容器裡出現不一樣的東西。他納悶，奇怪，裡面是什麼東西？聞一聞，喔！原來是葡萄汁，啊！我都忘了。這些日子以來，他沒有刻意藏起它，他太太也沒特別注意到，因此秋天的葡萄汁，一放就是許久。諾厄嘗了嘗，味道有點不一樣，沒那麼甜了。而且，喝的時候從喉嚨到胃部感到灼熱，可是，好喝！再喝，他愈喝愈開心，也開始感到自己全身發熱，於是脫掉衣服，在帳棚中睡覺。含看到父親這個模樣，禁不住笑了出來，跑去告訴其他兄弟。他的兄弟們便輕手輕腳進到帳棚，替父親蓋上被子，並在帳棚外守著，免得小孩子進去吵他。

如果，天主寫日記的話……

諾厄做了一個自己沒想到的試驗，他種植葡萄樹，剪了它、吃了它的果實。後來，再把這個果實做成了酒，也嘗到它的效果。反正，是一種進步，人都是這樣子的進步，找到他們原本沒有尋求的東西。可是，他們所尋找的不知道會領他們到什麼地方。如果他們從他們能找到的東西中學習的話……。

諾厄今天發現了二件事：

第一件是自然的事，也就是酒的存在，它好喝又使人高興。

第二件是人際方面的事，也就是酒要謹慎地喝。

他會得到一點教訓的，在洪水的那時，他已經學到不少東西了。反正，在那麼多水之後，他真的應該喝一點酒。

9 ▶史上第一座爛尾摩天樓

來，我們下去，
混亂他們的語言，
使他們彼此語言不通。
——《創世紀》11章7節

人數增加得很快，增加到繼續不斷產生新的問題。食糧不夠、工作不夠、土地不夠。大家都願意住在一起，問題是土地已全被占滿。於是大家開始討論，是不是應該分散，去找新的地方、新的土地。這個話題，愈來愈普遍，到處可見一群人坐著，發表自己的意見。

在某一群人當中，哲學家說：

「我們不應該分散。『一』，能帶給我們很大的好處，我們不應該輕易放棄。假如我們分散了，「多」會取代『一』，『一』會毀滅。『一』是我們最穩固的資產。因為我們是『一』，我們能控制動物。雖然有些動物比我們強壯，有些動物跑得比我們還快，有些動物有比我們更厚更堅硬的毛皮；可是，牠們不是『一』。動物不知道牠們能是『一』，因為牠們沒有理性，不能理解這樣一個概念，也不能明白這個概念帶來的益處。『一』是『單一』、是『統一』是『整體』是『完整』。『一』沒有『部分』，不能『分割』，因而也不能毀滅。因為所謂的毀滅，就是『分裂』、『分割』、『分散』為『部分』而成為『碎片』。『一』是不能『分割』的，因此是永恆而不能『毀滅』的。……」

那些聽眾彼此交頭接耳：「這個人好像說得很對，可是卻很難聽懂，他到底在說些什麼。」吱喳一陣後，大部分的人都回家準備他們的晚餐。

在另一群人當中，社會學家發表著他的意見：

「我想，我們早就超過一個無結構社會所容許的最佳人口數，我們的社會已經不能照顧到所有的人。大家都居住在一起，勞動人口與總人口數的比例已經不平衡了。也許我們應該賦予社會某一種嚴密的組織架構，如同人的脊椎骨一樣，來解決人口結構不均的問題。可惜，目前的社會很難產生一個有力的領導者，不能藉由菁英統治來維繫這樣的一個嚴密的脊椎結構。

「老實說，我曾想過一個解決方案，那就是將目前的社會分成許多自治的核心小社群，每個社群都有他們自己獨立的自足體系；當然，也應該考慮到人口的遷移。可是，我真的不喜歡分散，因為那會使用我們逐漸分離，彼此有了隔閡。因此，我們應該找一個共同的歸屬，一個可以共同努力的目標，讓所有人都能意識到我們有共同的來源，使我們能緊密地聯繫在一起。比方說，我們可以在這裡建築一座塔，表現我們發展的渴望，展現我們的團結。這座塔將帶給我們歸屬感，把我們聯繫起來，並且在非常時期，還能保護我們抵禦外侮。它象徵著我們的社會雖然多元，但仍是一個，並標誌著社會各個階級的團結。……」

大部分的聽眾，唯一能懂的，就是應該建築一座塔，而且應該很高，若是可能，應該讓大家都住在裡面。並且，應該盡快動手。

一位詩人寫了一首哀歌，他感覺到，建塔之事不會有好下場。他滿懷情感地吟詠著：

．黑色塔
清晨刺激，黎明激動，
夢想與汗水豎立的塔。
遠離你的吾弟兄還在你的平面，
他們的藍眼在你的瓷磚發光，
白日千燈挑戰太陽，
夜晚萬道反射光帶近月亮。
不滅的火炬，太陽的巨大燈臺。

一個婦人在離去時，流下了一滴淚珠。因為她想起那有著湛藍眼睛的弟弟，已經報名加入拓荒隊，萬一建塔失敗，他就要離家前往西部開墾。

有些人不完全了解建塔或建立城市有什麼用，甚至懷疑它的可行性。因此，建築師向他們解釋說：

「我們所設計的，是一個長橢圓形的城市，依山傍水，沿著山稜線展開，面對著滔滔河水。整個設計強調的是與自然共融並存，而非征服、占領自然。建築與景致融為一體，完美表達人與自然共譜的和諧樂章。這個設計，滿足了我們對於環保的渴望。整個城市，是一座名符其實的綠色都市，有著超大面積的公園，幾乎可稱為『伊甸市』。城市中分為住宅區、商業區、農業區和休閒區，主要幹道呈放射狀，聯絡道路則形成蜘蛛網系統。這個設計使得任何人能從城中的任何角落，迅速抵達農業區去耕作；而位於心臟地帶的商業區，則讓人們很方便從四面八方前來消費。總而言之，是一個最有效率的設計。城市的中心，矗立著一座高塔，有著相當新潮的設計，每五層就有個凸出的平台。從橫切面來看，基底是一面積相當大的正方形，隨著高度的增加，其橫切面正方形的面積逐漸減少，但不會減少得很多，用肉眼幾乎無法察覺。從遠處看，就像是無限延伸的正方柱，直入雲霄。雖然從理論上來說，這座塔最終將成為一個尖點，但那已遠超過天的高度，一般人是無法想像的……」

光是想到塔幾乎沒有終點，就讓建築師露出滿意笑容。

祭祀禱告之後，司祭向信眾說道：

「有人說要蓋一座直達天堂的塔，這樣的思想是非常世俗的，而且荒謬！因為人永遠沒有辦法達到偉大的馬爾契——願祂的恩賜常被紀念——的神聖住所。我們應該做的是建築一座很大的祁古拉寶塔，環繞著不是很陡的螺旋階梯，頂端有著很大的宮殿。雖然人不能達到天堂，可是能吸引偉大的馬爾契——願祂的名永受讚頌——來居住在離人比較近的宮殿中，若是我們能給祂預備適當的住所，祂也許就會願意下降凡塵。這樣的祁古拉寶塔應該要很高，至少有五棵棕櫚樹的高度，因為絕不能讓人類的恩賜者、大地之母——偉大的馬爾契——願祂的國度備受尊榮——與人一起住在同一個平面上！祂是至尊至高的！」

信眾高聲讚頌：「馬爾契！馬爾契！」眼中閃耀著奇異的光采。

政治家面對那些願意聆聽他演說的民眾，侃侃而談：

「以目前的政治狀況來說，並不適合推動像蓋塔這樣大的建設。我們需要一個有力的代議制度，來凝聚全民的共識！每個人都必須接受並尊重這樣一個制度，由民意代表負責建議並監督政策的執行。要是每個人都能直接對政策發表自己的意見，那麼就不會缺乏足夠的討論，也就不會淪為無意義的辯論，只是空談而無法達成有效的共識。像這樣一個長期的建塔計劃，必須奠基於全民的共識，及強而有力的領導。領導人必須具備開闊的胸襟，以及超凡的遠見，不會被任何一座塔所蒙蔽，迷失在建築的美麗壯闊之中，而忘了當初的願景。如果領導者只是個目光如豆、好大喜功的政客，那麼為了完成這座偉大的塔，將使原本的理想城市，很快的成為一座空墳。……」

事實上，政治家之所以反對建築這座塔，是因為他自己另有一個計畫；當然，該是由他主導。他計畫中的高塔，比目前這個的位置更偏北五毫米，塔上記載著：本塔建於某某人執政之時……。

這個計畫在民間流傳著，引發種種不同的迴響，有些人根本不贊成，有些人很熱誠地談論著，有些人認為這是個無用的計畫，而有些人覺得無所謂，更有些人認為這計畫不可行。針對這些認為不可能的人，工程師說道：

「打造一座城市，在技術上沒有任何問題。唯一的困難在於怎樣合理的運用土地。但這是政治問題，而非技術問題。特別是建塔，從技術上來說，更是沒有問題。我們打算挖大約兩棵棕櫚樹深的地基，直到堅硬的花崗岩層。以花崗岩層作為基礎，可以建築高度幾無限制的塔。我們將拿磚當石，拿瀝青代灰泥，一邊建造，一邊準備原料。我們會利用塔這一層內部的空間，來放下一層的建材。先蓋好一層，然後搬下一層的建材，放在蓋好的這一層，接著再蓋下一層。依此施工，不斷地增加塔的高度。我們將善用建築師所設計的塔外平臺，從外面利用繩子搬運建材，這將大大的節省搬運工人走樓梯的時間。……」

工程師著迷於描述施工的細節，可是大部分的人覺得很無聊。

大家一起生活的問題是，很多人根本沒有自己的土地。當大家都在談論蓋塔或建造都市的計畫時，一些沒有自己土地而正想盡辦法打臨工的人，有了以下的談話：

甲：「我之所以沒有到外地去，完全是因為我太太。要不是她，我早就到別處去碰運氣了。」

乙：「可是，你不能單獨一個人出走，因為你不知道會發生什麼事，會遇到什麼，或遇到誰……」

甲：「誰？難道外地還有其他人？」

大家都啞口無言。

乙：「我沒有這樣說，我也不知道。從來沒有人去過那邊，所以沒有人知道。」

丙：「我不到外地去，是因為孩子們……」

丁：「廢話！你有那麼多孩子，還想去那裡？再說，有家庭的保護很重要。在這裡你有兄弟姊妹，堂姐堂弟，還有表哥表妹，再加上姊夫、嫂嫂、妹夫和弟妹，一有困難，他們都會幫助你。若是你一個人就這樣走了，該怎麼辦？」

戊：「因此，我說我們應該一起去！如果人數夠多，就能夠彼此照料，不會有什麼困難，可以對付野獸，互相幫忙……」

已：「我想，我們最好留下來等一等，看看這個大型的營造計畫到底如何，說不定是一個讓大家都能留下來的好方法。」

庚：「依我看，這個蓋塔的計畫，恐怕是很黑的。沒錯，是有工作機會，可是，誰要付錢？我可不想白白工作，只為了讓別人出名！」

建築工程開始進行，果然發生了預料中會發生的事。

「這些磚頭應該搬去哪裡？」

「最好是『一』，因為『一』是不可毀滅的。」

「問題是我們沒有組織，假如我們有組織……。」

「我認為基礎不夠穩固，設計的強度不夠……。」

「可是我們到底是要蓋一座直達天庭的塔，還是一座祁古拉寶塔？」

「早上千燈挑戰太陽，這句話很妙……。」

「你在說什麼？我問了一個問題，你卻給我一篇演說？」

「我不懂他到底在說什麼？」

「我不管什麼燈！什麼挑戰誰！」

……。

就這樣，到了某一天，他們開始離去，建塔工程因而停擺，打造城市的計畫尚未開始，就已胎死腹中。人們四散到地上不同的角落

如果，天主寫日記的話……

每天都發生同樣的事。我早就知道建塔的事會有這樣的結局：他們沒有辦法溝通，一切都結束了，人們四散到各地。可是這並非語言的問題，而是心的問題。口發出的言語，表達每個人所有的心聲。每個人都有他的計畫，每個人都有他的目的，沒有辦法溝通，當然……。

然後，這就影響到語言。的確，說同樣的語言彼此間能懂、能溝通。可是，每個人有不太一樣的含意，就這樣慢慢地形成了方言。他們覺得，是一座山，或是一個山谷，把他們與鄰人分隔開來。

我不明白的是，為什麼要將這樣的隔離，歸罪於我？他們說是我混亂他們的語言，使他們彼此語言不通，好像我嫉妒他們一樣。他們以為我是因著嫉妒而行動，混淆他們，使他們分散各處。他們根本沒有意識到，這來自於一個矛盾：假如我的能力夠強，能夠分散他們，那我也就不必怕他們，或是嫉妒他們；而另一方面，假如我有理由嫉妒他們，就表示我的能力不夠強，那麼我也無法混淆他們的語言。可是，他們不願好好反省分散各處的原因，只想找藉口，而且找到了：我是他們的對頭，嫉妒他們，不敢直接面對他們，只敢用威脅、恐嚇、混亂他們的手段。他們流傳著一個口號：天主反對發展。

就這樣，從那天下午開始，他們繼續不斷地離開我，並且責備我。可是，從來就沒有人想到，他們用來責備我的理性和口舌，也是我給的。

10 ▶ 亞巴郎的長征

上主對亞巴郎說：
「離開你的故鄉……」

——《創世紀》12章1節

亞巴郎離開了自己的故鄉——哈蘭，卻不知道要往哪裡去，他就是那跟隨天主的話生活的亞巴郎（他以後會改名叫亞巴辣罕〔亞伯拉罕〕，不過，在這個故事裡他還是叫亞巴郎，意思是我的父親很高大）。

燥熱的一天過後，太陽已經下山了，氣溫不再那麼熱烘烘的，且還有一絲絲微風輕拂著，亞巴郎坐在帳棚外面還滿愜意的。他坐在一顆石頭上，手裡拿著一根木棍，倒不是要靠著它，而只是為了有東西拿在手裡。在這個時節，平原上的草地所剩不多，因此即使山坡的高處氣候仍舊相當熱，他還是把帳棚改搭在那裡。帳棚裡傳來一些聲音，亞巴郎聽到那為自己飼養牲畜的牧人，似乎是在準備晚飯。這時有一位牧人從他面前經過向他問候說：「主人，晚安。」

亞巴郎問：「你們今天牧放牲畜，走得比較遠嗎？」

牧人恭敬低著頭回答說：「是，我們今天走了好一段的距離，仔細去尋找草地，因為現在有草的地方已經不多了。」

亞巴郎說：「不久，我們便可以下山了，到平地的農田裡，讓牲畜們吃收割後留下來的茬子（麥草），牲畜也能為他們的土壤增加豐沃的肥料。這麼一來，大家都有好處。」

牧人說：「希望不要像去年一樣才好。」

亞巴郎說：「沒辦法啊！我們怎會知道都到這個時候了，居然還有農人沒有捆好莊稼，也還沒運送莊稼到倉庫。幸好，之後都很順利了。」

牧人答說：「是啊，得花不少錢來擺平，還要殺一隻母羊讓大家開心慶祝。」

亞巴郎說：「沒關係，我們和本地人保持好關係是最要緊的，比再多的羊都重要。」

牧人答說：「對，這是真的。那，主人，我先回帳棚去了。願上主保祐您。」

亞巴郎以手勢回應了他，之後便獨自思量了起來。

他飼養的牲畜繁殖力皆很不錯，無論是牛還是羊都提供他生活上的必需品，食物和衣服都很足夠，而且還能帶些牲畜到城市、市場去賣給本地的住民，因此也賺了不少錢。沒錯，這個山頭雖然草不多，可是山腳下的居民卻很多，他們很需要一些肉類的食物，所以，他的牲畜可以賣得很好。他還記得自己以前在乃革布（南地）沙漠區的時候找到一大塊綠洲，在那裡呆了好長一段時間。可是，在那片曠野裡卻沒有任何人可以買他的牲畜。因此他的牲畜繁殖眾多，多到把整個綠洲的草地吃得精光，於是他們又得到別的地方去尋找草地。說起來，兩個地方各有好處與缺點。

啊！乃革布離自己長大的地方——哈蘭已經是好遠的距離了，而烏爾——他父親的家鄉則更遠，他幾乎不記得烏爾的樣子了。他的父親帶著他們和親戚離開烏爾時，他還很年輕。雖然，他那時已經結婚，但那是因為剛到成人的年齡，父母就操辦他的婚事。

他比較記得哈蘭的風景和城市的地形，他記得山坡的樣子、麥田的景色以及河邊的菜園，記得哈蘭的房子和那裡的姑娘……現在他和撒辣依——他的太太一起過著很好的生活，他很滿意撒辣依是他的親戚，也是屬於他們家鄉烏爾的姑娘。

有一天，一個聲音向他說：「離開你的家鄉、你父親的家。」

他又想起當時與父親的對話。他的父親有點驚訝地問：「你真的要走嗎？」雖然，父親知道亞巴郎的確已經長大了，沒有什麼理由不離開。

亞巴郎回答說：「我不知道。是上主要求我離開的。可是，我不知道往哪裡去。」

父親問：「你真的肯定是上主的話嗎？」

亞巴郎肯定地說：「是的，我肯定。」

亞巴郎真的那麼肯定嗎？是的，他相信是上主，可是，他憑什麼能肯定呢？他的父親在亞巴郎回答的時候，注意到他的肯定中仍帶些懷疑，也有點動搖。但他沒有再多說什麼，反正自己在幾十年前也是離開了家鄉——烏爾，帶著他的家人以及亞巴郎從烏爾遷移到哈蘭。

自此，亞巴郎按著四季的移轉開始奔走各地，哪裡有草可以讓牲畜停留，他就往哪裡去。這整片土地，他是從北到南都一一走過了。有一次，他也曾走到海邊，那個他曾在烏爾聽過的「海洋」、「海水」。對他而言，「海洋」原本只是個名詞而已，更何況哈蘭比烏爾離海洋更遠，對海洋更是陌生。他從山崖邊望見海洋，特別注意到它的藍不像天空的藍，是更深、更濃的深藍。於是，他從山上到海岸邊，他還記得走在沙灘上腳踩著柔軟沙粒的感覺，很涼快、很舒服，和他常走的土地乾燥的路以及沙漠的沙土也不一樣。那些細小的沙粒不同於塵土，如果有耐心又加上有點數學概念的話，是可以細數的。只是，他怎麼算也算不清。有一次，他也曾走到曠野，如同更早前在曠野中綠洲居住的日子。更多的時候，他居住在耕種的田地與曠野之間的空地，還有一次則是南下到埃及，因為當時這片土地上沒有什麼草地。

不過，情況有所不同，現在他是牲畜繁多，擁有很多財產。因這緣故，和他的姪子羅特（羅得）間發生了問題。他深愛他的姪子，因為他的弟弟在很年輕時就已經去世，他把弟弟的兒子當成自己的兒子（他還沒有自己的兒子）一樣的照顧、疼愛。因此他離開哈蘭時也帶著羅特，隨著他們各自豢養的牲畜不斷繁衍，草地再也不足以同時餵飽牲畜了。他們雖然都很難過，但也只能分開生活、分離兩群牲畜，別無他法。

亞巴郎還記得離別時，他怎樣緊緊擁抱著羅特，因為他們認為，彼此大概不會再見面了。他也記得羅特走後，遺留下來的空虛，讓他更體會到自己沒有孩子。亞巴郎雖不願讓這個思緒纏繞自己，但偏偏它就是不斷冒出來牽絆著他；一個兒子、一個兒子、一個他所沒有的兒子。否則他所有的財產有什麼意義呢？

羅特！可愛的羅特！是的，他們分開後他還見過他一次。從沙漠來的人，攻擊了羅特，而且把他、他的家人以及財產全都擄走。還好有個人趁隙逃出，跑來通知亞巴郎。亞巴郎於是在夜間帶著自己的人，趁對方沒有防備時，奪回羅特和他的家人，以及財產。羅特再次見到亞巴郎時，還開玩笑說：「我還真想知道，到大馬士革的市集時，別人會用多少錢買走我。你看，我有這麼強壯的手臂。」

亞巴郎反而板著臉說：「這一點也不好笑，我連開玩笑也不想聽到。」

接著，又轉過身安慰那些喜極而泣的婦女們……

正當亞巴郎沉浸在回憶裡時，撒辣依打斷他，向他喊著：「難道你真的不吃我烤的肉嗎？一塊也不吃嗎？我知道你晚上通常不喜歡吃太多，可是……」

亞巴郎將撒辣依摟到自己身旁，抱著她沉默一段很長的時間才說：「好。」

他們用完晚餐後，便進入夜晚時分，撒辣依進入帳棚準備就寢，而亞巴郎則在帳棚外仰望天空。這天的夜色很清澈，四周也很寧靜，是個沒有月亮的夜晚。天空裡充滿了許多星星，亞巴郎喃喃自語問說：「有多少星星呢？」他獨自笑了笑，心想：「至少像那海灘上的沙粒一樣多吧！」他繼續看著天空，有時好像可以看出一些星星彼此連起來的圖樣，但有的星星卻又像是獨立散在某處；有些星星比較亮，有些就不那麼亮，甚至有的是一閃一閃忽暗忽明。而星星與星星之間的天空究竟是什麼顏色呢？白天是藍色，可是晚上呢？不，不是黑色，可能是很深很深的藍色，比海洋的深藍還要更深、更濃的顏色。那星星的數目會比海灘的沙粒更多嗎？亞巴郎一直看著天空，天空好像是立體的，星星就像飄浮在天空如在海洋上的小亮點。亞巴郎邊想邊走回帳棚，訝異自己怎麼會有這麼奇怪的想法。

此時他忠心的管家厄里厄則爾（以利以謝），向他道聲：「主人，晚安。」

亞巴郎回答：「晚安。」

厄里厄則爾開玩笑說：「主人，您在算有多少個星星嗎？」

亞巴郎透過撒辣依烤肉後，留下的火紅炭光望去：「你知道有多少嗎？」

厄里厄則爾說：「不知道。不過，我認得它們。因為有多次牧羊露天席地而睡的夜晚，我總是盯著它們入眠。」厄里厄則爾邊說邊走向亞巴郎附近的木樁，然後坐下。

亞巴郎問：「我們的牲畜，都還好嗎？」

厄里厄則爾回答：「很好啊！牲畜都很健康，看來我們今年又會有很多牛、很多羊可以帶去市場賣了。而且，母羊的奶水也很豐富，足以讓我們做許多的凝奶餅。」

亞巴郎停了一會，自言自語說：「唉！這一切，我死後可以交給誰呢？」

他說完又是好一段沉默。出現這種狀況，厄里厄則爾有點不好意思，也不知道該說些什麼才好。他知道他自己是主人最信任的僕人，若主人沒有後裔的話，那以後必然是他要管理這一切。不過，他對亞巴郎忠心耿耿，並不會也不願表現出自己高興的情緒，特別是他知道這件事對主人來說，相當痛苦。

終於，亞巴郎站了起來。他嘆口氣，把手搭在厄里厄則爾的肩膀上說：「厄里厄則爾，你要繼承這一切。我只要求你一件事，以後你要善待撒辣依，對她忠信，如同我對你一樣……。」

如果，天主寫日記的話……

亞巴郎離家到外地的過程是段漫長路途，而整個人類走向我之間的距離也必定是一段漫長路途，一直到我們再次相見的那一刻。亞巴郎是所有人的前鋒，他展開這段長途旅程，也遭遇困難。所有的人都在濃霧中尋找我，有的近、有的遠；有的熱切、有的冷漠。有的人只想找個代替品來填充，雖然他們也知道那不夠真實。可是，他們以找到的任何東西為滿足，因為他們害怕真的接近我。

曾幾何時，諾厄離我很近，他懂得洪水的作用、救援的意義……不過，我們的距離又再度拉遠、又再一次重新開始。亞巴郎聽，也聽見，可是他還不完全懂——怎麼能如同海灘上的沙粒呢？怎麼會有那麼大的民族呢？他連一個兒子也沒有。但至少他不因此而膽怯，他相信且信賴，繼續了這段長途旅程，他看著、愛著這片土地。他還沒有兒子，因此只能繼續仰望天空、看星星；他似乎有個希望——在星星織成的帳幔後面，找到星星沒有給的答案。雖然，有這麼多的星星……。

11 ▶史上第一個公主

亞巴郎坐在帳幕門口……
他舉目一望，
見有三人站在對面。

——《創世紀》18章1～2節

有一天，亞巴郎見到剛從羊舍回來的兒子——依市瑪耳（以實瑪利），發現他不再是個孩童，而是個強壯的少年。他想，是開始教依市瑪耳運用弓箭的時候了。

亞巴郎說：「瑪耳，你已經有足夠的力氣拉弓射箭。去，到帳棚裡拿一副弓箭來。」

亞巴郎一說完，眼光就隨著依市瑪耳的腳步移動。依市瑪耳是個壯碩的少年，有著飽經雨水風霜及陽光曝曬的古銅色皮膚。算一算，他已在半遊牧民族中，過了十三個年頭，而彎彎捲鬈的頭髮，又使他看起來益發成熟。這時，夕陽慢慢落下，天氣已不再炎熱。正好，可以做些要使勁費力的活動。依市瑪耳從帳棚出來，帶著弓箭。

亞巴郎告訴他：「這是保護自己很重要的武器，以後如果發現野獸攻擊牲畜，你就可以從遠處射擊牠們，也避免可能遭遇的危險。你若從很遠的地方，就使牠受傷、變得比較虛弱，要制伏牠便容易許多。而且，說不定你有空時，會想去打打獵，或是你偶爾想換換口味，吃點鹿肉。我聽說鹿肉很好吃。」

依市瑪耳看著手上的弓，雖不是第一次拿，但到目前為止，他從來不曾拉開過弓。他既高興又期待父親要教他如何用弓箭。

亞巴郎說：「來，拉看看。看你有沒有辦法把弓的弦拉開。」

依市瑪耳拿起了弓，想辦法把它拉開。可是，弓條卻在他手中轉了個圈，令他使不上力。

亞巴郎見此情形便糾正依市瑪耳的動作，「不對，不是這樣。你看，你應該把手放在這邊，然後再用力。看到了嗎？」

依市瑪耳就照著父親所說的位置拿著弓條，再做一次，他很用力地將弓弦拉開了。

不過，亞巴郎卻笑著說：「你這樣，頂多可以把箭射到你母親那邊，這樣的距離而已。」

此時，依市瑪耳的母親哈加爾（夏甲）正在帳棚口，背倚一棵碩大的橡樹，看著他的兒子。依市瑪耳繼續嘗試，他漸漸可以掌握拉弓的技巧。當他能夠把弓拉彎時，亞巴郎又說：「接著，你的手要和臉同高，還要把弓再提高一點。而且要再繼續伸展弓的彎度。」

撒辣依這時走了出來，停在帳棚口說：「哈加爾，你在這幹什麼？」

哈加爾不耐煩地回答說：「我看我的兒子啊！」又帶著強調的語氣說：「我看他的父親是怎麼教導他的啊！」

撒辣依很不高興地說：「你無事可做嗎？接著又加上斥責的語氣說：「你這個奴隸。」

聽到此，哈加爾原來靠在橡樹上的手，才漸漸放了下來。然後，懶懶地走了幾步。

撒辣依見此就繼續嘮叨：「你拿水了嗎？我的亞巴郎和他的兒子練習拉弓之後，一定會很渴。而且，天氣那麼熱，你應該侍候我、給我洗腳。你這個懶鬼，還不快一點。」

哈加爾一邊走向帳棚準備水，一邊又帶點傲慢的態度平視撒辣依。這點終於激怒了撒辣依，她生氣地說：「你這不要臉的奴才，你該這樣看著你的主人嗎？況且，你到底會不會做菜啊！昨天的晚飯一點味道也沒有，笨手笨腳的。你今天最好煮好吃一點。笨！還有哦，今天晚上你得把餐桌安排在這棵橡樹下。懶鬼！」撒辣依邊罵邊推著哈加爾加快速度，接著又補上一句：「好讓我和我的丈夫可以在帳棚外乘涼、吃飯。」

亞巴郎對依市瑪耳說：「好吧！我們今天就練到這裡了。下次，我們再找個時間去空曠的地方，這樣你就可以正式練習射箭了。」

亞巴郎似乎約略聽到撒辣依對哈加爾喊的話，他對撒辣依說：「你每次好像都衝著哈加爾發脾氣，難道你一定要和她敵對嗎？」

撒辣依回答說：「我就是不喜歡她那種態度，自從她生了孩子之後，就把自己當成主人一樣。一點分寸也沒有，我就是要教訓她，讓她知道自己是什麼身份。」

亞巴郎說：「好啦！不過，至少她給『我』，」亞巴郎頓了一下，改口說：「給『我們』生了個兒子。」他又嘆口氣說：「原本我以為，將來繼承我產業的是大馬士革人——厄里厄則爾。直到有一晚，上主突然指示我走出帳棚外。那晚的天空很清澈，看到我從來不曾見過的繁星。上主又對我說：你數數看，天空中有多少星星，你將來就會有多少後裔。不是厄里厄則爾，而是從你而出的兒子。天主又和我訂了一個盟約，更具體的說，是個許諾。」亞巴郎停下來，沉思了一會，又接著說：「當時是你自己提的意見說：『既然我不能生孩子，那就把我的婢女給你，讓她試試看能否為你生個孩子。』這是你的意思啊！」

撒辣依說：「對，這原本是我的想法，我願意幫助天主的計畫。那時，我覺得盟約、許諾、孩子都是那麼的美好。所以，我願意成全美事。」

亞巴郎問：「那你現在不是這麼想的嗎？依市瑪耳不是個令人滿意的孩子嗎？」

撒辣依答道：「問題不在依市瑪耳，而出在那個奴隸身上。」撒辣依顫抖著說：「我擔心……你到底有沒有想過，你不在的那天，我會發生什麼事？難道你沒有想過，到時她變成主人，而我卻成了奴隸。」

亞巴郎說：「你怎麼會這麼想！難道你覺得其他奴僕都會接受嗎？你怎麼不想一想，最重要的是，天主必然會酬報你的慷慨。」

他們吃完晚飯，享受著撒辣依提到的——夜晚的微風，便入睡了。

第二天早晨，亞巴郎坐在橡樹底下，強忍著自己的痛苦。突然，哈加爾從她的帳棚走出來，生氣地向亞巴郎喊叫：

「你對我的兒子做了什麼，你說？你怎麼可以這樣對他，他是你的兒子！是不是那個妒嫉的女人叫你做的，是不是她？撒辣依昨天要求你做的對不對？她怎麼可以這樣。她不只要貶低我，居然也要把我的兒子弄成和她一樣，斷了後裔。我可憐的兒子啊！」

哈加爾一說完，就又跑回帳棚裡大哭。她沒有等待亞巴郎的回覆，也沒有注意亞巴郎的表情，她只會哀悼她兒子的男性特徵，只因為一個女人的怨恨，就要流著血。

男人，所有屬於亞巴辣罕的男人，無論是親戚或奴隸，是在家中出生或是用錢買來，所有的男人在同一天都有相同的狀況。這一天，沒有一個男人去管理牲畜，女人必須自行處理日常所需。主人向他們說：這是上主的命令。

撒辣依聽到哈加爾又哭又喊的聲音，便從帳棚內走出來。她注意到亞巴辣罕的表情，又擔心卻也害怕接近她，她帶著滿臉疑惑問說：「發生什麼事？」

亞巴辣罕說：「撒辣，來。」

撒辣依驚訝的說：「什麼？你剛叫我什麼？」

亞巴辣罕回答：「你先坐，我跟你解釋。昨天，我們入睡後，我看到一個異象。我不是在作夢，我看見上主，祂來找我，祂再次向我許諾，有一個從我而出的兒子。我向祂說：是，我有一個兒子了。但祂卻對我說：不，不是這個兒子，而是從你和撒辣而出的兒子。我就向天主說：天主，我有依市瑪耳就滿足了，只要祢照顧他對我就夠了。但天主還是說：不，我要給你一個兒子是從你和撒辣所生的——他的後裔將會繁衍成為一個大民族，君王也要由此而出。現在，你要稱作亞巴辣罕，因為你是一個大民族的父親。天主是這麼跟我說的，而且，天主還要我稱你為撒辣。你喜歡公主——撒辣這個名字嗎？」

撒辣說：「好美！你真的認為我會生個孩子嗎？」

亞巴辣罕答道：「我這樣告訴你，正因為上主這麼說。至於相不相信，是你的事，但是，如果你問我相不相信，我會回答你：是。我沒有理由不相信天主。」

撒辣回說：「我不知道，這事不是太幸運了嗎？你八十六歲生了一個孩子，已經是件不容易的事，至少哈加爾是個年輕的女子。但是現在我們倆都老了。」

亞巴辣罕說：「上主給我一個命令，祂要我割除家裡所有男人包括奴隸的包皮。今早，我沒有任何遲疑，馬上行動，就這樣，哈加爾又哭又叫，她不懂也不等待我的解釋，她以為是你叫我切去她兒子的陰莖，她以為我是聽了妳的話。可是，事情不是這樣的，我是聽從天主的話。將來這個行動就是我和我們後裔的記號，為表示我們接受天主的許諾，而進入祂的盟約。」

撒辣開始思索著亞巴辣罕的話，她一方面開心，另一方面又難以相信，先是微微笑了笑，後來又大笑起來。她自己也分不清到底是因為高興，還是因為懷疑，而笑了起來。真的，亞巴辣罕的肯定給了她力量。可是，可能嗎？真的可能嗎？

亞巴辣罕繼續講：「天主說，我們現在經過的這些土地，將來祂要賜給我們的後裔。當然，這應該是很久很久以後的事，好像還有很多很多年，一直到我們的後裔足夠占滿這整片土地。」他露出很滿意的笑容。

撒辣答道：「對，還有很多年，而且……有許多事要做。」於是，撒辣又回到帳棚裡，充滿快樂和懷疑。她開始做一些應該做的事，想盡辦法讓自己分心。亞巴郎則是繼續坐在橡樹下，閉著眼睛，擁抱自己的痛苦與信德。近中午時分，他舉目看見三個路人，走到他的帳棚前，他立即起身，對他們俯伏在地……

如果，天主寫日記的話……

與亞巴辣罕之間的旅途確實很長，我不是說因為路途遙遠，走路對我並不累，我是指我們彼此靠近的距離。

昨晚，我再次向他許諾一個由他而生的兒子，他卻說有了依市瑪耳便滿足。可憐，人真容易就滿足，好不容易讓他接受較大的計畫。對，他不一定能懂得，有一天他的後裔將要占滿整個土地，他還在想這究竟是什麼意思。畢竟，為不打擾原來使用土地的居民，他太習慣從一個地方遷至另一個地方，也因此，他連一小塊土地也沒有。反正，我應允的許諾是按照我慷慨的標準，而不是按照他們所能懂的程度。

可是，他有信德也聽從了我。今天一早，他帶著全家的男子進行割損，而且他自己正是第一個好榜樣，他信了，也服從了。對撒辣好像就比較困難，不過，那麼久無法生孕的痛苦，倒使她更開放接受這個許諾。但從某一方面來說，她的信德更大，因為她是相信那相信我的人。是的，她信任了，她已經給自己的兒子起了個名字——依撒格（以撒）），因為她微微地笑了。雖然，她不知道其實昨晚我已經向亞巴辣罕提了依撒格的名字。那時，亞巴辣罕也笑了。

是的，與亞巴辣罕之間的路很長。不過，世上沒有任何人與我更接近了。

12 ▶ 把你的兒子給我

亞巴辣罕答說：「我兒！天主自會照料作全燔祭的羔羊。」

——《創世紀》22章8節

向晚時分，他們已經走到山腳下。亞巴辣罕舉目一望，內心油然升起一股敬畏的肯定——是的，就是這座山。他決定在此休息一晚，然後等待第二天清晨的亮光出現時，再繼續往山上邁進。亞巴辣罕說：「好，我們已經到了。」他一邊說，一邊尋找較平坦的地方舖上皮草準備過夜。他在一棵很大的橡樹底下，找到可以睡覺、也避免晨間露水的地方。他把驢子背上的物品一一卸下，然後和兒子及兩個僕人一起坐下吃東西。依撒格一邊吃，一邊問：「這就是我們要去的地方嗎？」

亞巴辣罕回答說：「對，就是這座山的山頂。」

依撒格說：「這座山？我們上去下來，來回不用一天的時間啊！再加上回家的路程一天，不是很快就要回家了嗎？」

亞巴辣罕簡短地回答：「願上主這樣做。」

依撒格又向父親說：「假如我們的旅程只有幾天的時間，母親怎麼讓我們帶那麼多食糧？我以為我們會在外面很久。」

依撒格的童言童語似乎透露了一點失望，因為看樣子他們明、後天就要回家了。吃完飯後，亞巴辣罕向僕人說：「帶驢子去吃草，也喝點水吧！不過，別走太遠了。明天一早，你們就在山下等，我和依撒格要上山去祭獻，祭獻後就回來。」

僕人離開後，依撒格又向他的父親發問：「奇怪，我們出門時，母親為什麼哭得很傷心。反正，旅程沒幾天。」

依巴辣罕回答說：「是因為你離開，所以她難過，而不是因為距離遠。」

依撒格又說：「我又不是第一次出門，而且你在我身邊啊！」

亞巴辣罕答道：「媽媽怕你路上有什麼意外啊！你出門到人煙稀少的地方很危險。」

依撒格說：「這有什麼好擔心的，你在我的身邊，我哪會有什麼危險。」

依撒格的這句話引起了亞巴辣罕的感傷，他沒有辦法再說些什麼，只能將眼光轉向天空作為逃避的出口，依撒格看到父親的動作也開始仰望星星，亞巴辣罕對他說：「假如你能的話，可以算一算……」

亞巴辣罕停了下來，他無法把這整句話好好講完，他得努力壓下自己胸口湧起的情緒與悲傷。不過，這話卻轉移了依撒格的思緒。亞巴辣罕想起出門時分離的悲傷，為了不讓撒辣太快面對這個消息，他已有所保留了。不過，他別無他法，離開的前一晚，他必須向撒辣說明這一切。他得向撒辣說明他本來打算的旅程，向她說天主的顯現，以及天主命令他犧牲自己所愛的兒子——依撒格，將他奉獻給天主。那個撒辣心愛且唯一的兒子，也是亞巴辣罕現今唯一的兒子，因為奴隸——哈加爾和她的兒子已經被趕走了。撒辣的反應讓人感到驚訝，因為她沒有生氣也沒有抱怨，也沒有為了避免這件事情大哭大鬧。她只是問亞巴辣罕：「怎麼可能？」

她問完之後，就沮喪得獨自啜泣起來。亞巴辣罕無法完全了解撒辣的疑惑，況且他自己有著更多的問題，千萬個問題卻沒有任何的解答。還好，這種氣氛並沒有阻礙他們出發前的打理工作，因為一切早已準備妥當。也因此，亞巴辣罕認為沒有立刻和撒辣講這個消息，是個好決定。

可是，依撒格對於母親有這麼大的反應，卻感到十分吃驚，為什麼他們離開的時候，母親要那樣的哭泣。他不懂，母親的哭泣，也不懂，為什麼父親很緊張。他看得出來父親的不安，他看得出來父親話講到一半就停了下來，接著就叫他數星星。他不懂他們的旅程有什麼不同，他只知道他們要祭獻。他們出門時，不知道要出門多久，往哪裡去，也不知道要走多長的路途。好像突然間，父親就說：我們已經到了。然後，就停了下來，向僕人說：準備明早就要上山。這是怎麼一回事呢？過了一段時間，亞伯辣罕調整好自己的情緒，勉強用點輕鬆的語氣問：「你已經算完了嗎？」

依撒格因為懷著很大的焦慮並沒有回答什麼，只是專注盯著父親看，好像是在等待父親給他什麼解釋的樣子。過不久，他只能小聲回答說：「沒有，太多了。」

亞巴辣罕一聽依撒格的話，就自言自語：太多了。太多了。然後，他又提起了精神向依撒格說：「好吧，早點睡。明天一亮，一天早我們就要出發了。」

他們入睡的時候，依撒格仍依稀聽見裹著皮衣入睡的父親，小聲的唸著：太多了……太多了……星星太多了……太多了……。

這個思緒不斷浮現在亞巴辣罕的腦海中，使他遲遲無法入睡。「太多了……太多了……星星怎麼會帶來希望呢？太多星星了，可是我卻只有一個兒子……暫時還有。」

亞巴辣罕終於入睡了。他夢見自己和依撒格上那座山坡的時候，依撒格背著木材。突然間，在路的轉彎處遇見了一個年輕人，他們似曾相識，可是他不知道究竟在哪裡見過面，不過他只簡單問候一聲就打算繼續前行。但這個年輕人卻把他叫住，對他說：「你不認識我嗎？」

亞巴辣罕回答：「好像認識又好像不認識。」

這個年輕人就說：「我就是亞巴郎，特辣黑（他拉）的兒子，哈蘭人。」

亞巴辣罕說：「是我啊！」

這個年輕人就說：「是，可以這麼說，我是你的舊人。」

亞巴辣罕說：「不過，你比我年輕多了。」

年輕人又回答說：「好吧！我是你年輕的舊人，我在你內住了許多年了。」

亞巴辣罕說：「那你今天為什麼出來呢？」

年輕人說：「來找你啊！我這個年輕的舊人來找你這個老年的新人，看你會不會聽一聽我的意見。讓我來教教你什麼是合理的思考。」

的一樣。」

亞巴辣罕問：「你這話是什麼意思？」

年輕的亞巴郎說：「很清楚啊！你走這一條路要去哪裡？」

亞巴辣罕說：「我走這條路是為了要祭獻我的兒子——依撒格。就如上主命令我做

年輕人說：「難道，你不覺得這個想法很笨、很傻嗎？」

亞巴辣罕說：「我不能判斷上主的命令，我只要服從。」

年輕的亞巴郎說：「難道你不想一想，這合理？你已經是個上了年紀的人了，應該有智慧好好想一想。我住在你內，已經好幾年了，亞巴辣罕。當初，你離開家鄉時不是說，你聽到上主的聲音，要你到上主所賜給你的地方。不過，這個地方在哪裡呢？亞巴辣罕。那麼多年過去了，你還沒找到嗎？」

亞巴辣罕回答說：「上主向我說：祂要把我現在所在的地方賜給我的後裔。」

年輕的亞巴郎說：「對，就是這句話。不是很諷刺嗎？」

亞巴辣罕說：「從過去到現在，我不能向上主抱怨什麼。祂增加我許多的牲畜、我的財產，年老的我和撒辣都活到今日，甚至給了我們一個兒子。」

年輕人說：「是，你又回到兒子的問題了。你沒注意到這就是矛盾嗎？對，在他身上一切都有意義，沒有他一切都沒有意義了。沒有他，你的一切，你的牲畜、你的財

產、你的妻子、你的生命，都失去意義了。如你沒有一個兒子，死了以後誰會紀念你呢？沒有兒子，有太太有什麼用呢？那麼財產呢？就是為了給那個大馬士革人——厄里厄則爾嗎？當你還叫亞巴郎的時候，不就是這麼想的嗎？」

亞巴辣罕說：「對。可是，那時上主給我一個兒子了。」

年輕的亞巴郎笑著說：「是哦，從已死的人之中，怎麼興起一個活的兒子。難道，你要從死的兒子之中，興起你的後裔嗎？」

亞巴辣罕說：「你的意思是……你要給我什麼意見呢？」

年輕的亞巴郎說：「我要你想一想，真的是上主要你離開的嗎？」

亞巴辣罕說：「是的，我很肯定。」

年輕的亞巴郎說：「好，你說：你很相信、很肯定。那不是上主向你許諾，你會有一個從你而出的兒子嗎？然後，祂又向你說，你的後裔會像星星一樣多嗎？」

亞巴辣罕說：「是，依撒格是天主的禮物。所以，我應該祭獻他。」

年輕的亞巴郎說：「就是因為這個緣故，你不應該祭獻他。你還沒看到這事有矛盾嗎？如果天主許諾藉著依撒格，給你眾多的後裔，那麼，你殺掉他，就是反對天主的計畫，是否定祂的安排。另外，如果不是上主向你說的話，那又何必聽呢？何必祭獻依撒格呢？」

亞巴辣罕沒有回答任何話。他似乎開始猶豫了，他同意年輕亞巴郎的論點合理。年輕的亞巴郎注意到他的遲疑，趕緊趁機跟亞巴辣罕說：「回去吧！你們兩個人還來得及回去，趕快忘了這個惡夢，快去擁抱一直在哭泣的撒辣。你現在了解了吧！為什麼這條山路對你而言很陡。」

亞巴辣罕又說：「不，你的說法很合理。可是，這是人的思想。假如我接受的話，我就會把天主放在跟人一樣的層面上。但我永遠不會這麼做，因為是祂創造了我，而不是我創造了祂。對！我是不懂。不過，我如何能判斷上主的計畫呢！」

亞巴辣罕醒了過來，他的心仍快速跳動著。他張開了眼，見到黎明從遠處漸漸露出曙光。雖然依舊可見天空掛滿很多星星，很多、太多了。他伸展四肢、提起精神，並稍微整理一下自己的衣服。他拿起刀放在自己的腰帶上，再叫醒依撒格。他原以為自己永遠不可能也不敢在這一天叫醒依撒格，可是，今早他卻很自然地這麼做了。他們沒吃什麼就上路，因為這也是祭獻的一部分，祭獻所該有的態度。亞巴辣罕將木材放在依撒格的背上讓他背，然後，自己拿起一根火把，從昨天的炭火堆餘燼點燃火苗。

於是，他們開始前行，走到山腰時，太陽就出來了，依撒格問父親說：「父親，我們有木材和火。那麼，全燔祭的羔羊在哪裡呢？」

亞巴辣罕回答：「上主，自會照料作全燔祭的羔羊。」

如果，天主寫日記的話……

面對《聖經》的這篇章，有好久的時間，我都害怕人不會懂它，不能正確懂它。是我默感了這個故事，因為裡面帶著很重要的訊息。可是，我怕表達得不那麼清楚。

故事一開頭，提到：上主試探亞巴辣罕……。

這樣的用詞好像把亞巴辣罕當作一部汽車，要測試它的性能如何。我，不需要試探誰。是我，創造人的五臟六腑。是我，在母胎中締結了人。人在暗中構形、在母胎中造成時，我已全部知曉[①]。我何必試探什麼人呢？其實，在《聖經》中的另一個篇章，也已經提到了：「人受誘惑，不可說：我為天主所誘惑，因為天主不會為惡事所誘惑，他也不誘惑人。」[②]不過，我仍害怕人們很容易忽略這點，或是不看重這個篇章。

其實，我向亞巴辣罕要求的是他應超脫一切，愛我勝過他所有的一切，並且還要以更多的精神來愛我。於是，我向他說：為保留你對我的愛，你能不能放棄一切？然後，他就採取自己認為的具體行動，以表達他對我的愛勝過他所有的一切，因此他願意祭獻心愛的兒子。亞巴辣罕的故事是個例子，是一個我向亞巴辣罕要求全心侍奉我的例子。是一個比方，是一個人可以全心依靠我的比方。對，這對人而言是一個極端的例子，那麼，從此人就可用此作為榜樣了。而且，我特別要講這個例子，是因為以色列境內其

① 《聖詠集》119 章 13、15 節
② 《雅各書》1 章 13 節

他的民族都奉獻子女給他們的神。於是，以色列人開始有人這麼做。因此我的先知警告我的百姓說：「猶大子民作了我視為邪惡的事——他們在本希農山谷的托斐特建築了丘壇，為火焚自己的子女：這是我從沒吩咐、也沒有想到的事。」③

那麼，亞巴辣罕的故事是一個既可呈現全心依靠我，又可表達我反對火焚子女的故事。這樣不是一舉兩得嗎？

不過，我仍害怕這個故事會造成人的誤解。假如他們……。

③《耶肋米亞書》7章30、31節

13 ▶ 媽媽，妳好偏心

起身逃往哈蘭我哥哥拉班那裏去……

——《創世紀》27章43節

黎貝加（利百加）——依撒格的太太很擔心厄撒烏（以握）將對雅各伯不利，她聽過家族裡流傳下來，關於加音和亞伯爾的故事，她不願同樣的事　發生在自己家中。這不只是她杞人憂天而已，事實上也有人提醒她，厄撒烏曾自言自語：「父親在世的日子不長了，等父親不在了，我必要殺死我弟弟雅各伯。」黎貝加不知道是不是該因為厄撒烏多多少少仍尊重父親而感到高興——加音連這樣子的尊重都沒有，但無論如何，至少雅各伯因此還有一絲機會可以保住性命。於是，黎貝加向雅各伯說：「現在，我兒！你得聽我的話，起身逃往哈蘭我哥哥拉班那裡去，在那裡待上段時間，直到你哥哥的氣消了為止。幾時你哥哥對你息了怒，忘了你對他作的事，我就派人去那裡接你回來。我可不願意你們發生衝突，而使我在一日內喪失你們兩個啊！」

回想起來，黎貝加向來特別偏愛雅各伯，偏頗的態度非常明顯，對兩個兒子的態度和方式也相當不同。對此，其實她自己也深感不安。但從這兩兄弟小時候開始，這份偏心就沒辦法壓抑，也沒辦法隱藏。啊！雅各伯小的時候真的好可愛喔！黎貝加每當想起雅各伯童年稚氣的模樣時還是忍不住微笑，她好喜歡逗著他玩耍，有什麼好吃、好玩、好穿的，黎貝加總是先想到雅各伯，或是有較平滑的棍杖、工具時，總會想要先分給他；就連兩個孩子起了爭執，甚或一起闖禍時，她也不忍心責備雅各伯，總覺得所有麻煩都是厄撒烏惹出來的。

其實厄撒烏從很小便感受得到母親對自己和弟弟的差別待遇，大一點後更明白這個事實。他試著去接受，不過，他再怎麼努力也還是難以坦然接受。這不奇怪，誰不渴望自己也是母親眼中的寶貝呢？直到青年時期，這份難受更是轉成妒嫉與不安。日復百日，情況不僅沒有任何改善，反而愈強烈，他對雅各伯的憎惡完全表現出來，他們之間也非常疏遠。兄弟倆各走各的路，厄撒烏實在不想和雅各伯有什麼往來，可能的話就盡量避免遇到雅各伯，真的避不掉就是冷漠以對。

而父親依撒格則很不喜歡黎貝加過份寵愛雅各伯，因為再怎麼說，厄撒烏也是大兒子，是他們的長子，這是個不爭的事實。雖然這對雙胞胎的哥哥比弟弟早離開母腹也不過是幾秒鐘的事，但是長子就是長子啊！依撒格是這麼想的，也因此他比較看重厄撒烏。他想到自己這對雙胞胎兒子，似乎從出生之始兩人之間就有爭端，他帶著不解又略為嘲諷的語調說：「真是的，打從這兩兄弟出娘胎時，弟弟雅各伯就是一手握著哥哥厄撒烏的腳跟緊跟著出來，他們兩人就是如此互不相讓。」

年老的依撒格又想到厄撒烏和雅各伯是那麼的不同，一個愛好打獵，能捕獲各種不同的獵物；一個則是喜愛烹煮美食，能以不同的香料調合不同的食材而成為一道道佳餚。兩個人的長才各有不同，但其實恰巧能夠配合。「無論如何，」依撒格這樣想，「厄撒烏是這個家族的長子，自然是我一切產業的繼承人，尤其是上主許諾的繼承人。

所以，不管黎貝加喜不喜歡厄撒烏，這都是改變不了的事實。」

然而，問題就出在依撒格的確老了，聽力不怎麼好，視力也更加衰退。黎貝加和雅各伯明白依撒格衰老這個事實，便想趁機耍計謀來欺騙他；而黎貝加更常常留心注意依撒格與厄撒烏之間的對話，想盡辦法讓雅各伯能獲得依撒格本來要給厄撒烏的祝福。

有一天，她聽到了依撒格向厄撒烏所說的話，就趁依撒格到田間打獵的時候，趕快向雅各伯說：「我聽見你父親對你哥哥厄撒烏說：『你去給我打點獵物來，作成美味，叫我吃了，好在死前當著上主的面祝福你。』現在，我兒，你要聽從我的吩咐，快到羊群裡抓兩隻肥美的小山羊，我來按照你父親的喜好，做出合他口味的佳餚，然後由你端給你父親吃，好叫他死前祝福你。」（《創世紀》27章6～10節）

雅各伯於是按照母親的指示行動，但他心裡仍有些不安，他問母親：「但是母親，哥哥厄撒烏渾身是毛，我卻皮膚光滑。萬一父親碰到我，必會發現是我在哄騙他。那麼，我必招來咒罵，而不是祝福，這該怎麼辦才好？」

對，這正是厄撒烏從小時候起就不討黎貝加喜歡的原因之一。

黎貝加不以為意地回雅各伯：「反正，你父親的聽力不怎麼好，觸感也不那麼敏銳了，眼睛更是看不見什麼。我們可以把小山羊的皮，包在你的手上和頸上，這樣子的話，即使你父親摸了你，也不會察覺到有什麼不對勁。」

就這樣，小山羊的皮毛補足了雅各伯與厄撒烏的不同。

雅各伯將美味端給父親享用，而依撒格也很高興地吃了起來。嗯，這正是合他口味的羊肉啊！不過，依撒格還是察覺了一些異狀，他有點訝異厄撒烏的聲音怎麼聽起來有些不同。但是當雅各伯走近依撒格時，他摸到了雅各伯手上和頸上所包覆的小山羊皮。帶著些不解，依撒格自言自語道：「聲音是雅各伯的聲音，手卻是厄撒烏的手。」但最後，依撒格相信自己手的觸感，勝過耳朵所聽到的。而事實上，正是他的觸感欺騙了他。

雖然依撒格的懷疑差點使這整個計畫失敗，但時間緊迫，雅各伯和黎貝加也無暇彌補，因為他們得趁厄撒烏捕到獵物回來前，盡快完成這項計畫，免得前功盡棄。但正因為雅各伯和黎貝加太快預備好小山羊肉，反而讓依撒格有點懷疑：「我兒！你怎麼這麼快就捕到了獵物？」

事已至此，對雅各伯來說，再增加一句謊言也沒什麼大不了的。他回答父親：「因為上主、你的天主使我恰巧碰到。」

說來雅各伯這麼回答也沒有錯，依撒格所吃的美食的確是由上主恩賜而來的小山羊；而又有什麼獵物或收穫不是上主的恩賜呢？所以，雅各伯也不完全算是撒謊，假如當時已有政治的發展和運作的話，那麼雅各伯一定是個相當成功的政治家。

依撒格吃了好吃的，喝了好喝的，心舒暢了，就祝福了雅各伯。

正是這個雅各伯騙取的祝福引起紛爭！從那時起，不甘受騙的厄撒烏下定決心要殺掉雅各伯。而年老的依撒格最終還是發現了這是個騙局，然而他對雅各伯的祝福既出就不能收回。雖然他後來仍給了厄撒烏另一個祝福，但是相形之下就顯得單薄、不具說服力了。

自此以後，厄撒烏只要心煩不想見到雅各伯時，便會出外散散心或是去打打獵，總之，就是暫時離開會令他想起那難堪的騙局的一切。雅各伯和黎貝加正好趁厄撒烏不在家時，為雅各伯即將啟程的遠行，暗地裡準備好一切。黎貝加很仔細地向雅各伯描述哈蘭附近的風景，好讓雅各伯能認出並找到母親的故鄉哈蘭。她也提到一路上會經過的道路城鎮，至於沿路的風景地貌，因她自己只走過一次，實在也無法仔細描述。她當初經過時，是懷著待嫁新娘喜悅不安的心情，並沒有多留意兩旁，以至於現在的印象早模糊不清了。黎貝加能為雅各伯做的，就是提醒一些她依稀記得的路線、城市，以及準備一些路上吃的食糧和一根棍杖。事實上，再多也不合適了，因為雅各伯的裝備應該要愈簡單愈好，免得造成旅途上的負擔、甚至耽誤腳程；畢竟，黎貝加也怕厄撒烏知道後，會追過去。

雅各伯啟行的前一晚，依撒格叫他來到自己的面前。為什麼這麼碰巧呢？雅各伯猜不透依撒格是聽聞了自己遠行的計畫？還是只是剛好有事找他。他忐忑不安地到父親跟前，心想還好父親年邁眼昏，不用面對父親的眼神。

沒想到依撒格開口祝福雅各伯：「你不要娶客納罕女人為妻。你應起身往帕丹阿蘭你外祖父貝突耳家去，在那裡娶你舅父拉班的女兒為妻。願全能的天主祝福你，使你生育繁殖，成為一大家族。願天主將亞巴郎的祝福賜與你和你的後裔，使你承受你所住的地方，即天主賜與亞巴郎的土地作為產業。」

這一席話對雅各伯來說，是個莫大的安慰。他的離開不再是偷偷摸摸的逃走，而是接受了父親的使命，並且父親再一次給予自己祝福。這祝福不由自己欺騙得來的，而是父親明明白白地給予自己的。因此，第二次的祝福可以說是治癒、彌補了前一次用欺騙換取的祝福。這個夜晚，雅各伯在自己家中的最後一夜，出乎意料地，終於可以平安入睡了。

第二天一大早，雅各伯出門前正與母親告別時，厄撒烏突然出現了。厄撒烏臉上沒有怒氣，只是冷冷地看著雅各伯說：「聽說你要離開了，而且路途還很長。」

雅各伯回答說：「是，我要到我們的舅舅拉班那裡去。」

厄撒烏接著問：「相當遠呢，來回要很長的一段時間。你要在那裡停留很長的時間嗎？」

雅各伯攤了攤手，聳聳肩：「老實說，我自己也不知道。一來我不確定能不能走得到那個地方。再者，我也不知道他們會如何對待我，會不會歡迎我或接納我，也不知道在那裡我能做些什麼。這一趟行程充滿了未知與冒險，方向與我們祖父亞巴郎的旅程又正好相反。這很有意思，不是嗎？」

厄撒烏說：「對啊！你要把祝福帶回原處。」

一聽到厄撒烏這麼說，雅各伯立刻提高了警覺。厄撒烏沒有忘了祝福的事。雅各伯和黎貝加彼此對望了一下。雅各伯心裡升起一陣恐懼，他怕厄撒烏不會等到父親離開人間，他怕哥哥會提早報復他；甚至待會他一上路，厄撒烏就可能會找兩三個人，很輕易便可追上他，然後把他殺了；於是自己就將成為歷史，永遠也到不了哈蘭，更別說能從哈蘭再回到家裡。

厄撒烏察覺雅各伯的擔心。開口向他說：「不用擔心，我不打算傷害你。而且對我來說，你走了最好。事實上，你走得愈遠愈好，免得哪一天我肚子又餓的時候，你又欺負我，再次發生那天你用餅和扁豆羹換得我長子名分的情況。」

雅各伯和黎貝加再對看一下彼此。厄撒烏仍自顧著說：「真的，我不打算傷害你。但坦白說，我是不會想念你的。你實在欺我太甚了！不過如果天主降福你以及你要去的地方，我也不會不高興，反正，你是我的兄弟。你富有了，我不會變窮。打獵的生活和父親的產業對我已足夠。去吧！我不會給你我的祝福，但你可以帶上我的問候。」

雅各伯感動得無法呼吸，哽咽得說不出話來，這是他不敢奢望的，也遠遠超過他能想像的結果。厄撒烏和雅各伯這次的互動和對話，幾乎就像彼此擁抱一樣。雅和伯告別母親、踏上未知的旅程，一個人帶著行李和棍杖前行。不過，他的心情卻相當輕鬆，比前幾天都輕鬆得多。

「昨天先是收到父親的祝福，今天厄撒烏又不和我計較。」雅各伯深深吸了一口氣，邁開踏上旅程的步伐。他心想：說不定有一天，我的兄弟要和我一同前行。

如果，天主寫日記的話……

人們常說：「天主能將彎曲的道路拉直。」話雖沒錯，但並不容易。而且，人們從來也不想一想，路會彎是因為他們不肯直行，是他們自己走彎了。他們總是按照自己的習慣、自己的喜好，繼續不斷用自己的方式、行動，阻礙了我對他們的支持。

就像雅各伯欺騙了自己的父親、兄弟：他趁厄撒烏從田間回來饑餓疲乏的時候要了厄撒烏；又欺負父親年老體衰，來騙得按照人間慣例原不屬於自己的祝福。所以，雅各伯現在必須離開自己的家，以相反於亞伯辣罕回應我的呼召時所走的路線，回到原點，一切得重新開始。我會祝福他的，因為這是我和亞伯辣罕訂下的盟約。啊，我真想念亞伯辣罕在人間的時候。

雅各伯會遇到一位以同樣方法對待他的人，而且正是他的家人。他就是雅各伯的舅舅，他會用各種各樣的方法來欺騙雅各伯；是的，我已認識了他。但是，我會祝福雅各伯和從他而出的大民族，那個我已宣報給亞伯辣罕的許諾。雖然我的許諾在依撒格身上不那麼明顯，現今在雅各伯身上看來又不容易，因為他離開家而要回到哈蘭，離開了我許諾的土地。但是，我仍要實行我的計畫，雖然人走彎了這條道路。反正，彎就彎，轉就轉吧！總之，我的話必要實行。

我好像已聽到厄撒烏向弟弟說：「我們起程前行，我願與你同行。」

14 ▶ 愛作夢的人成了民族救星

將他賣給依市瑪耳人，
免得對他下毒手……

——《創世紀》37章27節

天主多次許諾要賜給亞巴郎的民族終於由雅各伯開枝散葉，這個民族向來一脈單傳，從亞巴郎到依撒格，再從依撒格傳至雅各伯。依撒格之所以蒙揀選，或許只是因為血統純正罷了；亦或許真是因為偏心的關係，所以只有雅各伯被祝福了，選了他而不選別人。總之，這世襲的民族從雅各伯這兒開始了歷史的新頁，而這個故事卻得從一場騙局說起。

在這場騙局之中，雅各伯是受害者。雅各伯所投靠的舅舅——拉班，在雅各伯新婚之夜騙了他。自從來到哈蘭，雅各伯便為拉班舅舅工作了七年之久，他拚命工作，為的就是能夠迎娶拉班的女兒辣黑耳，而辛苦的工資就是聘禮。萬萬沒想到，拉班許配給雅各伯的卻是另一個女兒——辣黑耳的姐姐，肋阿。早過了適婚年齡的肋阿，風華不再，甚至長得有點抱歉。

趁著清晨的微光，雅各伯才猛然發現枕邊人竟是肋阿，晴天霹靂！怒不可遏的雅各伯氣急敗壞去找拉班舅舅理論，拉班試圖為自己脫罪說：「我們這兒的習俗就是這樣，姐姐沒嫁，妹妹怎能嫁呢？也難怪你不知道啦！因為你外地來的啊！」拉班臉不紅氣不喘的接著說：「生米已成熟飯，這樣好了，你若再為我工作七年，那麼七天後，我就把辣黑耳嫁給你。」雅各伯百般無奈只好接受這不平等的條件，不過，這條件比起七年前還好那麼一點，就是他可以先娶辣黑耳，再履行七年的工作約定。在與肋阿成親七日後，雅各伯就娶了辣黑耳。婚禮的慶祝共有十四天，而雅各伯也得先後工作十四年。

或許天主補償肋阿不得丈夫的寵愛，於是特別祝福她，讓她給雅各伯接連生了四個兒子，他們是勒烏本、西默盎、肋未、猶大。辣黑耳可就沒這種好福氣，她只好模仿當年撒辣依的方式，把自己的婢女彼耳哈跟雅各伯送作堆，她以為如此一來至少她間接可以得到一個兒子。彼耳哈的肚皮也很爭氣，她給雅各伯生了兩個兒子丹與納斐塔里。肋阿輸人不輸陣，她也如法炮製，把自己的婢女齊耳帕給雅各伯作妾，生了加得和阿協爾兩個兒子。後來，肋阿又添了兩個男丁依撒加爾與則步隆，另外又生一個女兒狄納。最後，辣黑耳終於成功增產報國，生了若瑟，雅各伯家不只人丁興旺，還六畜豐收呢！這算是他為拉班又工作了六年來所得的賞報。

拉班對於雅各伯的工資也常出爾反爾，但說也奇怪，雅各伯卻財富照舊日漸累積，擁有許多羊群、駱駝、驢子，還有婢女和奴僕。在妻子們與十一個孩子的陪伴下，雅各伯返回二十年前離開的家鄉。他踩著亞巴郎當年的足跡，走上同樣的路徑，唯一跟亞巴郎不同的是，他知道目的地在哪，而且是帶著家眷與財富，衣錦榮歸。出發時，他從財物中挑了一些禮物要送給哥哥厄撒烏，厄撒烏不打算接受，但雅各伯的盛情難卻，他只好接受，總是拿人手軟，他向雅各伯說：「我陪你一起回家吧！」

哪知道雅各伯心中自有盤算，他設計要厄撒烏先走，讓他為自己一家人探路，雅各伯（又稱以色列）進了客納罕，就住下了，並與當地人搏感情，關係良好，這可是跟他父執輩的態度大不相同。

人難免一死，依撒格也到了回歸父家的時刻，厄撒烏和雅各伯盡了為人子的義務妥善安葬了他。依撒格去世後，當年的火爆小子厄撒烏並沒有打算要殺了雅各伯，一是長了年紀也長了智慧修養，二是現在要殺雅各伯也不明智，畢竟家丁眾多。雅各伯並沒有因為厄撒烏的網開一面就從此稱心如意，他反倒喪失一生的至愛——辣黑耳。就在第十二個孩子也是最年幼的本雅明出生之際，辣黑耳難產死了。雅各伯把對辣黑耳的愛與懷念轉移到他們倆所生的若瑟與本雅明身上，更是特別疼愛若瑟，雅各伯心裡其實也明白，這份偏愛總有一天會惹出事端來。

多子多孫的好處也多，比如說要是有些孩子調皮搗蛋，那就會有懂事的孩子出來維持秩序，管教弟弟妹妹。也因為孩子多，所以依撒格與依市瑪耳，或厄撒烏與雅各伯般的二人對立也不復存在。不過，雅各伯總不掩飾他對若瑟的疼愛，他送給若瑟一件相當美麗的彩衣，一下子便引起其他孩子的嫉妒。再加上若瑟是個愛作夢的少年，說也奇怪，他的夢總是以自己為中心，雅各伯並不太欣賞若瑟的夢境。

若瑟一次跟他的哥哥們分享他所作的一個夢，他說：「在我的夢中，我看見我們一起在田裡面捆麥子，忽然間，我的麥捆站了起來，你們的麥捆圍繞在四周，並向我的麥捆朝拜。」雅各伯對若瑟的另一個夢境也不太滿意，若瑟說：「我又作了一個夢，夢見太陽和月亮，還有十二顆星辰都朝拜我。」這下，雅各伯可真的生氣了，他斥責若瑟說：「難道我和你的母親，還有你的兄弟都得向你叩首至地嗎？」盛怒的雅各伯一時間也忘記若瑟不過是個失去母親的可憐孩子，只對為何自己要向兒子跪拜感到耿耿於懷，雖然若瑟是他最疼的孩子，同時也擔心其他孩子對若瑟的敵意將日漸升高。

一天，雅各伯做了一件費人疑猜的事，他明知道孩子們對若瑟不懷好意，卻放心地讓若瑟獨自去尋找那些正在放羊的哥哥們。果然，若瑟一找到哥哥們，就被他們抓了起來。哥哥們搶走了他的彩衣，還把他丟進枯井裡，他們商量說：「不然我們殺隻公山羊，把彩衣浸在山羊的血裡面，騙父親說若瑟給猛獸吃了。」把若瑟丟進枯井是大哥勒烏本的主意，但若瑟永遠都無法明瞭勒烏本的心意，原來勒烏本這樣做是希望其他的弟弟手下留情，接著他再設法救出若瑟來……。

但是，赤身露體的若瑟隨後和一些人綁在一起，隨著商隊的步伐走向南方的海岸線。商隊滿載著橡膠、香液與香料，或是騎驢，或是步行，他們的目的地是埃及。商隊把奴隸綁在一起倒不是怕他們造反，而是要讓整個隊伍更加井然有序。

這多舛的命運！若瑟永遠忘不了親手足背叛他的這天，也忘不了與商隊前往埃及的這趟旅程。那個早晨依舊歷歷在目，家附近已經沒什麼草地了，哥哥們只好到更遠的草地放羊去，他走了大老遠的路去找哥哥們，他們正好在討論怎樣處置若瑟，當中有人提議要把他殺了，勒烏本趕忙出聲說服大家把若瑟丟入枯井就好，別讓雙手染上鮮血啊！過程中有些兄弟不以為然，最後大家勉強同意大哥勒烏本的提議。

若瑟不知道自己到底在井裡待了多久，他只知道他是多麼的害怕，狹窄的空間更增添了恐怖與不安，會死嗎？會有人來救他嗎？若瑟不知道未來會如何。他只能依稀察覺大哥勒烏本似乎想幫助他，但其他的哥哥們是不是還是想置他於死呢？若瑟想辦法要爬出井外，但井壁又直又滑，根本沒有使力向上爬的地方。他只能等待，也放棄任何的努力，直到太陽光直射井底時，一條繩索拋入井裡，繩子的另一端是誰？若瑟不知道，也不想知道，更不去臆測會發生什麼事，他只知道離開井底比什麼都好。若瑟努力拉著繩索，終於爬出井口。等他回過神來，定睛一看，是他的哥哥們（弟弟本雅明年紀太小，留在父親雅各伯身邊），不過，他數了數，只有九個哥哥，不在的那個正是勒烏本。一股恐懼襲來，若瑟不自覺地打著哆嗦，兩個哥哥分別在二側架住他，又拉又推的帶著他走了好一段路，直到遇到一隊商旅。兩個商人正讓駱駝喝水，其他商人則是坐著吃飯。

商人們一見這群年輕人，下意識地停下手邊的動作，警戒起來，經過一番打量，確定這群小夥子不是什麼危險人物，商隊的頭目便開口問道：「有何貴幹？」若瑟的哥哥不發一語，一股腦地把若瑟直接丟進商團中間，堵住若瑟的退路。頭目起身走向若瑟，把若瑟從頭到腳仔細打量一番，不過，他看來興趣缺缺，邊嚼著麵包，邊開口問：「要多少？」猶大開口答道：「三十銀幣。」頭目撇了撇嘴：「哼！叫法郎（法老）①給你們啊！」轉身就走。肋未急忙接話：「你再看仔細點，他既年輕又健康，至少也值二十八銀幣。」頭目一聽，轉頭對同伴說：「你們看這傢伙是不是太嫩了點？」接著向若瑟的哥哥們開價：「十二銀幣。」依撒加爾忍不住回嘴：「什麼十二銀幣？他還這麼年輕，起碼還能工作個十幾二十年。一句話，二十五。」

那些在旁邊餵駱駝喝水的商人，邊給奴隸供水，邊不以然的說：「就是他年輕，所以多一張嘴浪費口糧，幾年後長實了，他才能真正的工作。買主不是傻瓜，這種無形的成本也要好好算一算。」頭目把話挑明了說：「你們這些牧羊的小兔崽子，以為我是笨蛋啊！我們可不只是買賣高級的橡膠、香液和香料，別以為我們不懂奴隸的行情，就想漫天喊價。想跟我做生意，大爺我頂多付個十五銀幣。」

阿協爾腦筋動得快，想到若瑟可是很愛作夢的，「他不只是奴隸，他還會解夢喔！」阿協爾想這樣應該能加點籌碼吧！話一說完，商人們哈哈大笑：「埃及三角洲的農人才不管你會不會解夢，他們只看你身體壯不壯、力氣大不大、耐不耐操。」一個滿嘴麵包、還沒能講到話的商人也忍不住插話：「好啦！好啦！不然十八好不好。」則步隆說：「拜託！至少要二十二。」因為則步隆曲指算了算，每個兄弟至少要分到二塊銀

① 埃及語的希伯來文音譯，原意指王宮，後來借代做為埃及君王的尊稱。

幣。這時，口氣不耐煩的頭目堅定說：「就二十，不要就拉倒！」勒烏本不在，二哥西默盎做了決定：「就二十吧！」則步隆心裡打著如意算盤，反正本雅明不在，只要沒人說溜嘴，就不用分錢給他，這樣每個兄弟還是可以分到二塊銀幣。交易就這樣成交了。接著，商人把若瑟綁在那整齊排列好的奴隸群中。商隊到了埃及便一分為二，其中有兩個商人帶著奴隸前往哥笙，那邊比較需要奴隸幫忙耕田與放牧。其他商人則是帶著樹膠、香液和香料進到城鎮裡，因為鄉下人對高級品應該沒什麼興趣，也買不起，若瑟和另外一個較年輕的奴隸也被帶到城鎮，或許商人覺得在那裡成交的價格會高一點吧！

商人在市集向買家推銷若瑟：「這小子不只聰明，挺能幹活的，而且趁他年輕，還可以教，你可以多操一操他，況且我開的價格很划算。」商人突然壓低聲量，要跟買家講若瑟另一個長處，弄得好像在講什麼祕密似的：「而且，他很會作夢也會解夢。」

在宮廷位高權重的普提法爾聽了，不禁笑了，付了商人開出的價錢，買下了若瑟。

＊＊＊

那時，法郎為了探訪民情，常出遊至各地。每到一地，必會引起當地人民的歡迎與愛戴。對人民來說，法郎的到來是件大事，也是莫大的光榮。在法郎踏進城鎮之前，王室大陣仗的前行隊伍，早已綿延好幾十公里，法郎沒機會見到絲毫的混亂或是任何違法的事。法郎巡視鄉里、糧食分配時也是如此，兩旁夾道歡迎的人民井然有序，歡呼聲不絕於耳：「法郎萬歲！我們的父親法郎萬歲！萬善的埃及法郎當受讚美。」

一波一波的歡呼聲並不影響若瑟的工作，雖然歡呼的聲浪一波波襲來，愈來愈近，他仍不慌不忙的做著手邊的事——分配糧食。等到法郎到了該地，僕人們在若瑟的身邊放下國王的寶座，法郎坐定後，若瑟便向法郎鞠躬請安，法郎請他回座，問道：「分配糧食的工作還順利嗎？」

若瑟答說：「託法郎的鴻福，一切都很順利，唯一要注意的是人民的秩序。不過，我們已有足夠的守衛可以管理秩序，更何況我們的糧食很充裕，一定能滿足大家的需求，而且全國各地都有王室的穀倉，正在進行分配糧食的工作。所以，可以避免人潮同時湧入同一地區的困擾。如此一來自然可以維護安全、保持公共秩序。」

法郎好奇地問：「若瑟，那麼每一個人民手中，好像高舉著一個小瓦片，他們又搖又喊的，是怎麼一回事呢？這小瓦片對他們好像相當珍貴，大家都高興地拿著它歡迎我。」

若瑟回答說：「是的，法郎。那是分配每個家庭糧食的標記。法郎說的對，那是個瓦片。人們需要帶著它前來領取每一戶的糧食，而且官員一收到，立即可以銷毀。這樣就不會造成投機者欺騙法郎、重覆領取的情況，也避免重覆領取再轉賣給他人的計謀。」

法郎帶著讚賞的表情說：「你的設想真周到，真是非常聰明。」

若瑟一聽，臉紅了，但也不掩一絲得意，他笑著回應法郎，同時也不停下手邊分配糧食的動作。他靠向法郎輕輕說：「陛下，這是一個很好的交易，不到七年的時間，透過糧食的發放，我們可以向人民收回全國所有的土地。屆時你可將將土地重新分配給農人耕作，這是您早就想施行的計畫。田地荒蕪的這幾年，將是我們解決長期以來無法執行的土地改革的契機。」

法郎早想進行土地改革的政策，卻不知道怎麼面對地主與國內貧富不均的亂象，他自言自語：「這一切真是太神奇莫名了，沒想到現在居然有兩全其美的解決辦法……。」

若瑟接著說：「對，這就是從一個莫名的控告開始。」

法郎安慰若瑟道：「關於普提法爾的太太誣陷你，她已經受到懲罰了。」

若瑟沒有露出任何喜悅之情。法郎於是繼續說道：「還好，我的司酒想起你曾給他解過一個夢，而且他往後的處境正如你預料。我承認當時我實在很難接受他的建言，要你為我解夢，因為我不能授受一個外國人、還是個外國來的奴隸，來為我解夢。而且當時你還被一位貴夫人控告。可是，我的情況愈來愈糟，身旁的人都能感受我的情緒與暴躁。無計可施之下，我只好試試聆聽你的解夢。那時，大家對你的解釋感到相當驚訝，也盛讚你的解說既簡單又準確。」

若瑟打斷了法郎的話，因為他不願意接受那不屬於自己的稱讚：「這一切都是來自天主的恩賜，陛下其實你的夢境最主要的關鍵就在於尼羅河。」

「怎麼說呢？」

「從尼羅河中走上來七隻肥母牛，然後，又出來了七隻瘦母牛，他們吃掉了全部的肥母牛，卻仍瘦弱不堪。陛下，從河中是不會上來母牛的。」

兩人哈哈大笑起來。若瑟又接著說：「因此，如果陛下的夢境是從尼羅河中出來的母牛，那就是與埃及有關的訊息，尼羅河與法郎是埃及具體可見的標記，而且尼羅河攸關埃及人的糧食豐富與否。所以，臣子只是把這些因素放在一起為陛下解夢而已。」

法郎說：「可是只有你會思考這些要素，整理、綜合全部的原因，才讓我們安然度過這幾年的飢荒。」

若瑟補充：「不只如此，就連我本國的人民也是。昨天我聽聞，說著我家鄉語言的人民，也前來向埃及購買糧食。想必我的家人遲早也會來埃及，有一天我將會見到他們前來買糧食。」

法郎問：「關於他們，你有什麼打算呢？」

若瑟想逃避法郎的問題，只說：「陛下，他們還沒有來……。」

幾個月以後，有人前來告訴法郎，若瑟的家人，包括他年老的父親都到埃及來了。

如果，天主寫日記的話……

又是一條崎嶇的道路。

是的，我祝福了若瑟，並藉著他祝福了整個民族，所以整個民族在飢荒時，不致滅亡，這是我對亞巴辣罕的許諾，我不能讓亞巴辣罕的子孩到第三代就消失了。

但是，這不是我先訂好的計畫，好像我故意讓若瑟變成奴隸一樣。不，這是若瑟哥哥們的計畫，因著他們對若瑟的妒嫉，也就是因為若瑟的才賦和父親對他的寵愛而產生的惡行。若瑟的哥哥們賣掉若瑟是件壞事，而且真的很壞，壞到連記載歷史的人都添加了依市瑪耳人，間接掩飾若瑟的哥哥賣掉他的惡行。

我不能作惡來成就好事。我只是靠著人的行動，人所提供的歷史，使用成就好事，成為救援的歷史。這條道路，有時真是非常崎嶇又困難。

15 ▶ 河流中的籃子與沙土上的駱駝

公主遂收他作自己的兒子，
給他起名叫梅瑟。

——《出谷紀》2章10節

（米德楊的司祭）對女兒們說：
「去請他來吃飯！」

——《出谷紀》2章20節

法郎的女兒立刻注意到，河邊蘆葦叢中的籃子不是恰巧停在那裡，也不是隨著河水漂流到那裡的，一定是有人很小心且仔細地把這個籃子安置在蘆葦叢中。放籃子的人一點痕跡也沒留下，而且這籃子應該已經放了一段時間了，見不到被擾亂而混濁的水，也沒有任何蘆葦被折斷。這一定不是剛發生的事，也不是匆忙間遺留下的。這是個經過計畫的行動，放這竹簍的人必然很聰明，知道這籃子不會被河水沖走。

法郎的女兒繼續在尼羅河邊戲水，就好像那是她自家後院一樣。尼羅象徵埃及，尼羅就是埃及的父親，就如法郎是埃及人的父親一樣。一提到尼羅，人們就想到埃及和法郎。尼羅代表著埃及的神，而尼羅河水就是神祝福的保證，法郎的女兒也浸潤於這樣的思維中。她欣賞著受祝福的河水，滿懷感謝，因為她也是如此受照顧的。她享受著河水的柔和與水聲的節奏，一度沉浸在對尼羅河中的聯想中出了神，直到她再度想起那個籃子。她知道它不是偶然出現，因此她回到竹籃子那裡，發現它真的是在自己平常戲水的河段附近。她內心於是感到相當訝異並思索著：對，這個籃子是準備給我的，所以才如此小心翼翼地放在這裡，而且安放的人必然很清楚我的習慣，知道我常常來到這段尼羅河戲水。突然間她有個體會：自己的命運將與這個竹籃子裡的東西緊密相連。她注視這籃子一段時間，單單就這樣欣賞著它。

終於，按捺不住自己的好奇心，便使喚婢女前去蘆葦叢中將籃子拿過來。雖然她知道這個籃子是給自己的，不過，公主實在不合適為了接過一個籃子而弄髒自己的手。這些工作交給婢女去做就可以了，讓她們弄溼衣服吧！反正過一會就會乾了。如果衣服弄髒了，她們之後也會洗乾淨。沒多久，婢女們高舉起籃子，狀似奉獻，緩緩地走向公主，直到公主面前，便跪下把籃子放到她腳前、獻給她。

公主懷著期待的心情下令：「打開吧！」

婢女慎重打開籃子，出現的是一個小小嬰孩，好像才三個月大。是個眉清目秀、相當俊美的孩子，而且看得出來很有活力、很健康。他的啼哭聲在風中顯得微弱，就在籃子被打開的片刻，他好像從未見過亮光似的，眼睛張都張不開來。過了一會，笑容便在他臉上綻開。他的微笑，讓公主和婢女們為之心喜。她們又注意到這個籃子的藤條的縫隙中，很仔細地塗上瀝青和石漆，此外竹簍的結構是圓弧造型，這必然是為了避免竹籃進水，也避免孩子翻覆所考慮的設計。

公主喊叫：「是個希伯來人的孩子。」

她一面看著嬰孩，一面又修改自己的話：「不，這是我的神給我的禮物，他是我的兒子。」她於是向自己的婢女打個手勢，婢女立刻小心抱起嬰兒交給公主。她充滿著母愛抱住他，將他靠在自己的懷中搖擺。她滿懷甜蜜抱著他，享受他身上散發的嬰兒味，她看著他可愛的臉蛋，捨不得讓他離開自己半步。不管他是誰生的，她只知道這是她的孩子，她一直所盼望的孩子，是她的神賜給她的。他是從尼羅河而來的，埃及的一切都是尼羅河帶來的，她的兒子也是。雖然，他的來歷不明，又不具貴族血統。不過，現在他已經被尼羅河的水洗乾淨了。他是來自尼羅河的禮物，是神所恩賜的，是我的兒子。法郎的女兒眼角滑下了幾滴滿足而喜悅的淚水。這是個兒子，是賜給法郎的女兒、和沒有子嗣的公主的一個兒子。

突然間，她發現河邊蘆葦叢裡，有一隻眼睛正注視著她。當她們相望時，那張模糊的臉孔慢慢清晰起來，一位女孩從蘆葦叢後露出來走向她。

「你願意我去找個希伯來婦女做他的奶媽嗎？幫你餵養這個嬰孩？」年輕的女孩帶著天真無邪的表情問。

公主回答說：「去吧！」

很快的，女孩帶個婦女來到公主面前。公主馬上就發覺這婦女正是女孩的母親，也很可能是籃子裡嬰兒的母親。公主心想：這樣也好，有她照顧，我才能放心。接著，就向孩子的奶媽說：「你把這孩子抱去，為我乳養他，我必給你工錢。」於是，作奶媽的母親就從剛成為孩子新母親的公主手中抱起了嬰孩。

就這樣，這個嬰兒在尼羅河裡短暫的旅程，有了幸福的結果。嬰孩平安地生活在希伯來婦女家中，受法郎女兒的保護，而且這幾年下來公主也一直照顧他們的生計。家裡的親戚希望叫他肋末，因為這是他們家族祖先的名字。不過，有人反對說：「不要，不要給他任何名字，免得他不小心說出自己真正的身份。這樣會給他製造麻煩，造成他的困擾。我們就叫他小寶就好了，之後再讓公主為他取名字。」

小寶長大後，作奶媽的母親就將他送回給法郎的女兒。公主正式接受他成為自己的孩子，並為他取名做梅瑟（摩西），她說：「因為我從水裡拉出了他。」

在被公主從水裡拉出來的很多年以後的某一天，梅瑟坐在有駱駝影子的地方，除此之外，在他的四周，什麼遮蔽的東西也沒有，只有沙土和太陽，其他什麼都沒有。他心想，這裡的沙粒一定比尼羅河的水滴還要多很多。他聽過太多次關於尼羅河和自己的故事，他是從尼羅河中被「母親」救起的。所以，他在擁有公主兒子的身份下，仍保留對自己真正身份的認知。不過，現今他不知道自己是否能沙漠中活下來，會不會被沙土淹沒。「難道，我沒死在河水裡，是為了讓我死在沙漠裡嗎？看來，是了無希望了，皮囊裡只剩下幾滴水而已。」梅瑟這樣想著。

梅瑟是倉皇逃走的，或者也可以說是被趕走的。或許是因為他走錯了路，或許是他沒有帶足飲水和食糧，以致落入現在的窘境。不過他真的必須離開，而且愈快愈好。幾天前當他看到一個埃及人虐待希伯來人時，他實在忍不住怒火，於是殺了那埃及人。是的，他真正的身份挑戰著他所接受的身份，而且看來是更勝過了他所接受的身份。事後，梅瑟很快就離開埃及，不過仍有時間準備一些自以為足夠的飲食。他是逃走的，但他也知道這是他們讓他逃走的。他是埃及王子，他明瞭一切的條例、規矩。所以，他逃走了。或許這對法郎來說才是最好的解決辦法，因為這麼一來法郎就不用傷腦筋，不必懲罰他，也無需把他趕走。因為他是自己逃走的，替法郎解決了問題，避免法郎的家中起什麼衝突或有任何分裂。

他的逃走雖然解決了法郎的問題，卻也為自己製造出困難。現在，他坐在沙土上，只有藍天和塵土遠遠地連成一線，其他什麼都沒有。他坐下休息以前，好像看到遠遠的那處有棕櫚樹。可是為了避免自己白走一遭，他還是選擇先休息，等太陽沒那麼炙熱時，再來確認遠方的樹木是否還在，不然也許只是海市蜃樓而已。

休息之後，他帶著輕鬆的心情，以及過往埃及王子的培育和力量，抬起頭來往遠處望，面對事實。令他高興的是，那些棕櫚樹還在，並不是海市蜃樓。於是，在他喝完所有的水後，便以穩健的步伐邁向遠處的樹叢。這個好消息，似乎連駱駝也感受到了，牠好像比平常走得還快一些。他終於走到樹叢，發現有一口井，可能正是這口井的水源讓棕櫚樹長得又高又壯。不過，他沒有任何器皿用來打水，但他知道只要這兒有口井，就一定會有人來汲水，就能幫助他，而且取水的人也可以告訴他身在何處。

很快的，有七個年輕少女趕著綿羊和山羊前來打水。就在她們餵羊群喝水的時候，有群牧人出現，一來就以暴力，霸占少女們打好水的水槽給自己的羊喝。雖然，梅瑟走過西乃半島漫長的路途，又被沙土所折磨，不過為阻止不正義的事情發生，他還是拿出男子漢的氣魄，挺身而出趕走那些牧人。牧人們害怕梅瑟健壯的氣力，並且都吃了一驚，因為從未有人如此反抗過。因著梅瑟的見義勇為，少女們得以平安地讓自己的羊喝完水，之後就回家去了。但沒過多久，她們當中的三個少女又回到梅瑟面前，邀請他到自己家中作客。她們的父親就是米德楊的司祭。

如果，天主寫日記的話……

我又有說話的對象了，梅瑟使我想起亞巴辣罕，他非常注意聆聽。雖然，他還不認識我，仍在黑暗迷濛的霧中追隨我；可是，我知道我找到了對話者，因為我了解他擁有強悍的團結精神：為了幫助自己的同胞，他不怕失去自己的地位。今天，他又為了扶助弱小，不顧自己體力虛弱，毅然挺身而出，這就是最好的證據。時機已到，有一個民族生活在沒有希望的處境之中，他們隨時準備接受任何的可能，他們會聆聽我的聲音，我將藉著梅瑟顯現給他們。

準備一位領導者需要很長的時間，他必須先學習做埃及的王子，並且接觸、熱愛自己的同胞。他能勇敢面對橫越沙漠的困難，他的行動又能配合新的生活環境或是新的生活方式。這個民族的確很需要這麼一位領導者，接下來就剩下顯示給他，並委託他民族的使命。

準備民族又是更漫長的道路。今天，他們向我呼喊生命的痛苦，因為他們不能認知生命存在的意義。明天，他們卻又因意識到生命的意義，向我呼喊道，這份認知讓他們感到痛苦。但是當我接近他們的時候，他們不會因我的接近而逃走，因為他們就如冬季時寒冷無助的鳥兒，只能接受牠所畏懼的幫助一樣。現在，只有我是他們的希望。等等，並不是我故意造成他們的無助而迫使他們接受我的幫助。不過，這種處境讓他們不會在我接近時，像其他民族一樣逃走。

就如同那一天的下午一樣。所有人都會離開我。

16 ▶ 為了你，不做埃及王子

埃及人不能再喝河中的水……
濃密的黑暗降在埃及國。

——《出谷紀》7章21節、10章22節

梅瑟（摩西）回來的消息迅速傳遍整個村莊。對村民而言，梅瑟只是一個傳說，而不像是個真實的人物。大家都知道他的母親是怎樣地用盡心機來保全他的生命，在他們為法郎工作的那個城市中，他們好像見過他，但印象卻不深刻，印象不好也不壞。只記得，有一次，他很勇敢地殺了一個虐待希伯來人的埃及人。此後，只聽說他離開埃及，但不知道梅瑟是成功逃走了，還是被法郎捉住後處死了。突然有一天，傳來他還活著甚至已經回來的消息。當然，他回來，不是為了做埃及的王子，而是為了當個普通的希伯來人而回來的。他的出現是為了解放在埃及做苦工的希伯來人。

於是希伯來人開始議論紛紛。有一次，路上有兩個人這樣說著。

「光憑一根牧杖，我們哪能得到什麼解放。」

「聽說，是一根神奇的棍杖。幾天前，他在法郎面前將棍杖往地上一丟，它就變成一條很長的蛇……。」

這話還沒說完，同伴就接著說：「可是，法郎的巫士也成功啦！他們也丟了棍杖，讓它變成蛇……我跟你說，單靠一根棍杖，我們是不可能走多遠的。」

「沒錯，巫士的棍杖也變成蛇。可是，梅瑟的棍杖變成的蛇吃掉了巫士的棍杖所變成的蛇。而且，梅瑟要把蛇從地上收起時，蛇又變回棍杖，他還可以繼續拄著它，走出埃及王的宮殿。但巫士卻要找人扶他一把，因為他已經嚇傻了，嚇得軟了腿，還損失了一根棍杖。」

四周圍觀的人聽到他們的對話，先是大吃一驚，接著便大笑起來。這時，從另一個村莊跑來了一個人，氣喘噓噓地說：「梅瑟要你們趕快準備器皿來儲水，因為一週之內將不會有可飲用的水。」

大家驚訝地問：「為什麼？」

「梅瑟怎麼知道的？」

「因為他要將可喝的轉變為不可喝的，明天他要在尼羅河邊迎接法郎，除了我們家裡儲備的水之外，他要用神奇的棍杖打在水面上，使埃及的水都變成血，希望能夠藉此讓法郎學到一點教訓。」

那個懷疑並取笑梅瑟棍杖的人說：「又來了，那根神奇的棍杖，我才不信呢！」

「總之，我已經把消息帶到。一週內，尼羅河不會有可以喝的水，你們趕快準備吧！」

帶來消息的使者，心想這些人好像不太相信梅瑟，於是回頭向梅瑟報告，並要他多勸勸他們、改變他們的心意。

梅瑟將水變為血的事件，並未成功軟化法郎的心，解放自己的民族。不過，至少讓希伯來人可以有幾天的時間休息，因為埃及人忙著找可喝的水，根本管不了希伯來人，有些埃及人，甚至走到希伯來人住的地區，想辦法向他們買乾淨的水來喝。有些埃及人承諾減少他們的工作量，也不會懲罰他們，要不然就用高價換取可喝的水。其實，梅瑟早已向希伯來人說過：不能以天主的恩寵來做買賣。不過，有些人還是不甘心捨下這做生意的好機會。

第三天傍晚，梅瑟來到村莊，很快地身邊就圍滿了人，有的是為了看他，有的是為了聽他說話，有的是為了問他問題。大家紛紛問他說：「什麼解放？」

「什麼水變血？」

「還有為什麼……到底是怎麼一會事？」

大家七嘴八舌，梅瑟什麼也聽不到，也不知該從何答起。然後，一位西默盎（西面）支派的雅明（雅憫），出面維持秩序，「讓我們一步步問。」

雅明就向梅瑟說：「有人說，你要解放我們。不過，首先我們想知道你為什麼回來？」

「因為是上主命令我，坦白說，我根本不想回來。我在米德楊已找到自己的生活方式，也過得相當好，一點也不想回到埃及。如果回來，一定是為了再看一看埃及，而且我會不動聲色的回來。」

「你說的上主是誰？」

「我們的神，亞巴辣罕、依撒格、雅各伯的天主。那命令亞巴辣罕離開哈蘭，並和他訂立盟約，又為他取名亞巴辣罕的天主。那保護若瑟，又讓他為埃及的法郎解夢，並使他的家族來到埃及定居，為避免飢餓、死亡危險的天主。」

梅瑟還沒說完話，就有一個不知感恩且忝不知恥的人開口：「也是這幾十年來，早已忘了我們的天主。」

梅瑟逼近看著他說：「你沒忘記祂嗎？你曾向祂祈求嗎？你敬拜過祂嗎？那你現在還抱怨什麼呢？」

那不知恥的人就低下頭，因為所有人都怒目看著他。

梅瑟就繼續說：「天主不願意我們受到壓迫。雖然，法郎的心很固執，不過上主會使他轉變、軟化。」

「你為什麼稱我們的神——上主。」

「因為我們不能直呼祂的名。在祂召叫我、派遣我來解放你們的時候，我問祂的名，祂回答：我是，我是。」

梅瑟看大家一臉狐疑，就說：「對，我也不懂。因此，我們最好是叫祂——上主，因為對我們來說，只有祂是神，再沒有其他的神、也沒有任何其他的主，包括法郎和我們周遭民族所朝拜的也是一樣。我們只屬於上主。」

梅瑟愈講愈興奮，他的熱情感染了整群聽眾。有人問：「告訴我們，這事是怎麼發生的？」

「有一天，我為了牧放岳父的羊群，就到了曷勒布，那是個空曠又滿布石子的地方。突然間，我發現遠處有一叢荊棘，正被火焰燃燒著。我就納悶，哪來的火源，可以燃燒荊棘呢？雖然，看到這個現象心理有點不安，不過，我回頭繼續照顧著羊群。過一會兒，我好奇她看了看那荊棘，居然發現它還在燒。」

大家一聽，面面相覷，然後梅瑟又繼續說：「荊棘還在，而且火也沒滅。這實在太奇怪了。於是，我決定前去一探究竟，看看到底怎麼一回事。快接近的時候，我聽到有個聲音叫著我的名字，我回答：我在這裡。可是，我望望四周卻不見任何人影，於是有繼續前行。」

大家看著梅瑟，認真地聽他每一句話，不願意錯過任何一個字句或是表情，大家好像都走進當時的情境，重回當時的場景。

「然後，那個聲音再度出現，要我脫去腳上的鞋，它說：因為你現在所站的地方是個神聖之地。後來，我才知道祂是誰，而且祂就給我——解放民族的命令。天主上主把我們稱做祂的民族，祂告訴我應該如何面對你們、向你們說話，以及我該如何和法郎交涉等等。」

民眾目不轉睛看著梅瑟，他的真誠與熱忱深深地感動他們。不過，仍然有人潑冷水：「我們怎麼知道……」

他還沒講完這個問題，梅瑟就已經回答，而且其實他已經針對這個問題講過好幾次了：「我也懷疑過，可是上主給我一些記號。例如：棍杖變成蛇，還有我的手……等等記號。」梅瑟一邊說，聽過的人便一邊點頭附和他。

梅瑟繼續說：「但是，更打動我的，是上主說：『我看見我的百姓在埃及所受的痛苦，聽見他們因工頭的壓迫而發出的哀號；我已注意到他們的痛苦。』所以，不是因為我們的祈求，因為我們連祈禱也不曾有過，祂聽到的只是我們的抱怨聲，因此是祂願意主動解放我們、援助我們，因為祂愛我們。」

聽到的每個人都感到自己整個人似乎被一股溫暖包圍著、被上主的愛擁抱。這時，梅瑟的臉頰上也滑下兩行淚水，他還說：「但是，我最喜歡的記號不是棍杖也不是蛇，而是上主說：『幾時你將我的百姓由埃及領出來，你們要在這座山上崇拜天主，你要以此作為我派遣你的憑據。』這就是上主給我們和我們的子孫最後的記號。」

有一個聲音反駁道：「這記號有什麼用呢？如果我們真到了那座山上朝拜天主，那是因為我們已經離開了埃及。那算什麼記號呢？」

「你們啊！只看到自己的問題，對你們來說，最要緊的事就是從埃及離開、逃走，獲得解放，再沒有重擔、懲罰，也沒有監工。可是，這卻是最不重要的。」

許多人一聽，搖搖頭，互相說著：「其實，不懂的是他。看得出來他從遠方回來，在外地住了許久，必然是沒嘗過埃及人的苦杖，也一定不認識那些埃及監工，否則他不會說這些風涼話。解放，怎麼會不重要呢？」

他們七嘴八舌之後，梅瑟又接著說：「因為解放是上主自己所要做的行動，因此我們不必做什麼，我們只需等待、準備。所以最重要的，是知道為什麼我們能夠得到自由，為什麼我們能在曠野裡生活、為什麼我們能離開埃及；不是因為我們自己的反抗，力爭自由，也不是我梅瑟有什麼妙計，讓你們脫離埃及人的手。我們應該承認完全是天主的手解放、援救了我們，這才是最重要的事，而且我們——你們——到了那座山時，自然會知道這件事。」

有人還是問：「可是，我們怎麼知道是你要帶領我們離開埃及呢？」我們為什麼要跟隨你？」

梅瑟靜靜地看著這說話的人，緊閉著雙唇，沒有動怒，他看似不以為然，其實心裡卻有點煩惱，心想：「難道這就是我的民族，我要解放的民族嗎？」他收起自己的情緒，以柔和的語調和簡單的詞句，對他們說：「我已經將這消息向你們宣布了，請你們準備好。」

兩個月之後，所有希伯來人村莊的村民都悠閒地享受著「梅瑟假日」，他們這樣稱呼的，因為埃及人居住的地方整個被黑暗籠罩。所以，沒有任何埃及監工能要求希伯來人工作，因此他們可稍作喘息，並在閒暇時，討論起這陣子以來所發生的事情。埃及人住的地方好像完全被黑色牆壁阻隔，沒有一點光線。可是，希伯來人的村莊卻不受黑暗所影響，仍是日升日落。

「沒錯，他們就是應該嘗嘗被關在黑暗中的可怕，誰叫他們這樣對待我們。」

「這沒什麼好說，他們不想看到，他們就看不到。」

「若蘇厄（約書亞），你在說什麼啊？」

「我知道梅瑟所說的記號，在水變血之後，有蝦蟆、蚊子、狗蠅、蝗蟲，然後還有瘟疫、紅疹和膿瘡，以及冰雹等等。不過，一點效果也沒有，法郎還是不願意放我們離開。」

「誰說沒有效果，我們不是有很多『梅瑟假日』嗎？」

「這些都是預報，我們被解放的日子快到了。」

「是的，我想法郎不能再繼續固執了，他無法抵抗朝野的聲音，以及全民族的壓力。」

若蘇厄回答：「可是，大家別忘了。這一切，都是上主的作為。」

如果，天主寫日記的話……

法郎實在是個固執不容易讓步的人，應該給他更多的記號。埃及人遭受的災難就是記號，足以讓法郎和埃及人如同希伯來人過去一樣體驗痛苦，那麼他們才能發現讓人受苦並不正義。長久之來，法郎不看、也不想看希伯來人的痛苦。所以，這些記號不是為了懲罰，也不是為了報復埃及人，而是為了使法郎不再繼續，因為自我安全無慮而心硬，因為他的這些保障現在愈來愈薄弱了。

希伯來人也沒比法郎容易順服，法郎若是心硬，希伯來民族就是頸硬。梅瑟慢慢了解到這點，他已經開始知道他們的執拗與不信，但這一切才剛要開始……人就是這樣……。

17 ▶最長的一夜

以色列子民世世代代……
當守的一夜。

——《出谷紀》12章42節

法郎還沒決定該怎麼處理希伯來人，不過，他倒想先讓自己休息一下，暫時放過這些希伯來人。於是，就給監工下了命令。監工收到這命令也挺欣慰的，因為這段時間以來，自己對這希伯來民族早就起了敬畏之情，也可說是懼怕希伯來人的宗教：沒想到這民族的先知居然有那麼大的能力，施展這些記號。既然埃及人休息，希伯來人便有時間準備他們所說的這一切的結束——快要來臨的結束，梅瑟則說這是上主的逾越節。

那天下午，農（嫩）忙裡忙外打點著，他正要按照梅瑟吩咐自己的兒子——若蘇厄，向希伯來子民傳遞的訊息，做著準備。他已經宰殺當天晚上要吃的羔羊，並把羔羊的血留在器皿之中，因為他們不該喝血，梅瑟曾說：「生命存留在血之中，為此羔羊的生命經由血而離開。所以，你們不能喝血，因為生命取決於天主。你們不能掌握生命，要記得亞當和厄娃就是為了要得到生命——天主的地位，得罪了天主。於是，被驅離樂園。」

羔羊的血流盡後，農就拿一小把樹枝沾了血，塗在門楣上，門內就是當晚他們要聚在一起吃羔羊的屋子。他們選這間屋子吃完羔羊是因為厄里沙瑪（以利沙瑪）——農的父親——認為，他的兩個兒子之中，唯有農的家足以容納所有人。此時，農心想：「若蘇厄很能吃，吃完整隻羔羊，對他來說沒什麼困難，更何況他今天四處奔走，胃口應該大開吧！」街道上，處處可見若蘇厄的身影，他挨家挨戶地宣告梅瑟的命令，而且不厭其煩地解釋、說明，就是為了提醒大家一些細節。

農忙著準備羔羊之際，也沒忽略自己的家人，特別是年邁行動不便的父親——厄里沙瑪。因為梅瑟曾提到離開埃及是即將發生、十分緊迫的事，到時，他打算用二根木槓及布條，抬起父親逃出埃及。他希望這擔架既可以用二人抬起，也可用牲畜來拉，他便一邊監看若蘇厄組架擔架，一邊提醒他該如何架起這兩根木槓。

突然，一個孩童到來，讓他們停下手邊的工作。

孩童問：「你們大人為什麼要在門上畫紅紅的呢？」

大家回答：「因為這是若蘇厄要大家這麼做的。」

孩童轉向若蘇厄問道：「那你為什麼要大家這樣做呢？」

「因為是梅瑟說的。」

「哪個梅瑟啊？是那個有著長長鬍鬚的老人，幾個月以前曾經來過這裡，大家都說他是從沙漠來的那位嗎？」

「對，就是他。」

「然後呢？為什麼梅瑟要大家在門上畫紅紅的，你知道為什麼嗎？」

「我知道啊！不過，你最好自己問他，他會解釋得更清楚。假如你沒找到他，我們吃飯的時候，再跟你說好不好？」

孩童得到若蘇厄的保證後，便安心離開，轉而去找那位有長長鬍鬚的老者。

屋內的一角，婦女們正忙碌著，她們準備著晚餐的菜餚。當中有道苦菜，象徵她們被奴役的生活，又長又苦，還有一些未發酵的麵包，以及杯盤碗碟……等等。唉！在埃及哪有葡萄酒可以喝呢？假如是我們祖先的土地，也就是人人傳言我們將要回去的地方，就會有葡萄園以及好喝的葡萄酒，不管這個消息的真實性，至少這消息已經是一代傳過一代了。沒錯！很快地，我們就可以親眼見到這般美好的景色了。婦女們不禁想像這被許諾的福地何其美好，也因此忘卻了眼前沒有酒的景況。反正，水也不是那麼糟。

農和若蘇厄做完擔架後，開始忙著剝羔羊的皮，並找根木棒架起羊，在下方升起火，把羊烤熟，並給屋內帶來亮光與溫暖。就這樣，一切都準備妥當，等時間一到，就可以開始。

另一方面，他們也在屋角準備手杖、涼鞋以及桌椅。不過，總是有些人動作不快。例如，厄里匝番還在縫縫補補一隻舊的涼鞋，他喃喃自語：「也不知道是不是真有應許之地，也不知道是不是很快就要到達……，我看我這雙破鞋怎麼補都不會好的啦！走不了多遠的啦！」

很快的，若蘇厄的堂弟妹也都到家裡來。孩子們都感覺得出來，這是個大節日。於是，一進屋子裡，就開心地四處奔跑、玩耍打鬧。

有個母親責備說：「你們該安靜點！也不要再玩了，免得之後沒有體力行走。難道你們不知道，晚間我們將有一段很長的旅程嗎？」

母親的警告，雖然讓孩子暫停片刻，但等不了多久，孩子們的喊叫聲又開始出現，跑來跑去彼此打鬧著。母親只好再次說：「已經跟你們說：不要再跑了！晚上，我是不會背你們的。」

太陽漸漸落下，直到從沙丘中隱沒。號角聲響起，新的日子即將展開——尼散月十五日，這個月就是正月，這一夜即是上主的逾越節，從來沒有一個日落，讓他們如此期待，如此百感交集，似乎是懷著恐懼與敬畏，期待著這一日的到來。

他們待在家裡，靜靜地幾乎沒有發出任何聲響。先進家門的，就挑個凳子坐下，晚來的就只能坐在地上或是找個位置站著。時間一久，他們聊起近來發生的事，尤其是從梅瑟回到他們中間的這段日子說起，也提到埃及人遭受的災禍以及法郎的固執，說著說著就不禁興奮了起來，但也有人不禁勾起失望……。

有個人說：「這次，應該是真的了。」

「至少，梅瑟如此信誓旦旦。」另一個答。

又一個人說：「無論如何，這事有點奇怪，都還沒獲得勝利，就開始慶祝起來。我們現在不就是在埃及，在這破破的屋子裡，做埃及人的奴隸，做法郎廉價的勞工。」

另一個則回答：「勝利後的慶祝那是自然的，而勝利前的慶祝那就是信德了。相信祂——正是我們的神對我們的要求，拯救我們是他的事……因為靠我們自己，無計可施。」

他們之間的談話被打斷，因為農的父親——厄里撒瑪堅持要在他人的扶持下，站起來，帶領家人做飯前的謝恩禱：

「我們祖先的上主——亞巴辣罕、依撒格、雅各伯的天主，祢顯現給梅瑟並命令他領導祢的子民出離埃及，求祢憐憫祢的僕人，實行祢藉著你的先知所預許的。求祢使這一頓晚餐，成為我們流離外邦的最後一次，又藉著這些苦菜，使我們與我們的子孫永遠不忘這奴役的日子。求祢因這為了實行祢的命令而宰殺的羔羊，讓我們得以在你的盟約內團結，並使今夜的行進是個愉快的旅程，因為我們今夜的佳餚是祢許諾給我們那福地的記號。求祢，使我們成為那聽你的話並跟隨祢命令的子民。」

大家異口同聲說：「阿們！」

開動之後，大家沒有再多說些什麼，急著要把晚餐吃完。突然，下午提問的孩童又說：「你們大人為什麼只是吃飯，都不說點話。你們到底說一說，為什麼要在門上畫畫呢？有什麼意思啊？」

於是，若蘇厄不得不回答說：「今天是上主的逾越節，今夜上主的天使要經過整個埃及國，並且境內的長子將會死去。」

母親下意識地抱住剛剛提問的孩童，似乎是要保護他，怕他會有什麼危險。於是，若蘇厄將他的手放在孩童的頭上，接著又說：「不要怕，你不會遇到什麼災禍，只有埃及人會，上主的話以及羔羊的血將保護我們。」

不知不覺又是一種很深沉的靜默，就在這樣的氣氛下，他們吃完晚餐，開始既緊張又害怕地等待。黑暗逐漸籠罩四周，他們遇爾會交換眼神，也小心避免碰撞到別人，他們都發現自己在顫抖。忽然間，所有人都感覺有個什麼經過屋子，他們不自覺地停止呼吸。那好似風，卻沒有吹動任何東西；又像影子，但沒有任何人見到、聽到。不一會的時間，遠方傳來哭泣和哀號的聲音，痛苦、失望和咒罵聲此起彼落、逐漸升高且愈來愈接近。

聽到這些希伯來人並不幸災樂禍，但難掩喜樂之情。梅瑟所預言的——埃及人長子的死亡——真的實現了。於是，他們引頸期盼，等待那後半段的預言也能實現，為侍奉他們的神，遵守祂的命令，成為祂的子民，他們能離開埃及，成為自由人。

收拾細軟行李，他們等待著。

安頓一家老小，他們等待著。

備妥牲畜車馬，他們等待著。

就這樣，一切都準備妥當。涼鞋已經穿上，手杖也備在手裡，他們等待著。

時間過了，月色漸漸自黑幕中褪去。

是的，天要亮了。

他們再次聽到小小的聲音，重複、縈繞在各個村落中。

就在希伯來人所居住的地方，揚起號角聲。

一戶接著一戶，他們開始離開自己的屋子，堅定而沉默地走向梅瑟指定的地方。

黎明時分，他們已是一群行走中的民族。

這一切，看在埃及人的眼中，既傷痛又忿怒，既妒嫉又不平，有好奇的，也有冷漠以待的，不過，大家都鬆了一口氣。

如果，天主寫日記的話……

法郎的問題出在他只貪圖一時的喘息，每當危機一過，他立即忘了。但是，那些危機與記號不是平白無故出現，直到最後，無可避免的事發生了。於是，所有的記號一同發酵，這時他才真正懂了。我不要希伯來人受到壓迫。

我不要希伯來人受到壓迫，也不要任何民族、任何人受到壓迫。此刻，我們談的是希伯來人。為此，到底是法郎讓他們離開，還是把他們趕走，這都不重要了，因為現今，他茫茫然的，他兒子的死亡讓他感到萬分痛苦，就這樣，連希伯來人的離去，他也沒有任何的反應。

這個法郎並不是第一個，也不會是最後一個，他不是第一個壓迫者，也不會是最後一個……。

18 ▶紅海分開了……

以色列子民在海中乾地上走過去。

——《出谷紀》14章29節

「都已經走了好幾天了，怎麼還沒有到啊？」走在沙漠中的一行人中，有人開始發出抱怨。

「我早就知道，我的涼鞋是撐不到許諾之地的。」厄里匝番看了看自己的鞋子，有點失望地回應著。

另一個接著說：「難道，你們以為客納罕地是走幾步路，然後轉個彎就可以到的嗎？」

又有人回應說：「但是，我們已經失去方向了。難道，我們一輩子都要在這沙漠裡走著？」

聽到這裡，有人既驚訝又緊張的問：「什麼？我們還在埃及的境內！」

一位老者說：「沒錯，不過你不用擔心，埃及人已經看不見我們了，你以為我們白白走過這片沙漠嗎？小心點！你的行李快掉下來了。」

厄里匝番看著自己的涼鞋，滿臉好奇地說：「奇怪！它們居然和第一天一樣，好像我們是剛剛出門似的。」

其實，他們已經在路上走好幾天了。他們先是向著東北方走，離開三角洲，然後，梅瑟就命令大家轉往南方，其實大家也搞不太清楚東西南北，所以也沒什麼反對的聲音。由於埃及和西奈半島的邊界上，有埃及軍隊駐守。（梅瑟可是很內行，畢竟上次他放棄埃及王子的身份時，就這樣逃亡過了。）他心想，為了避免衝突，也怕邊界的駐兵尚未收到法郎的命令，會刁難他們。他們所採取的路線的東側是埃及和西奈半島的邊界，有些湖沼，界線不是很清楚，但走起來也不輕鬆，也不安全，埃及人自然也不會特別注意。基於這些理由，梅瑟便帶領以色列子民走這條路。一行人浩浩蕩蕩，步伐難免緩慢，不過，也因為人多勢眾，倒不用怕盜賊的攻擊。

步行許久後，梅瑟決定讓大夥休息一下，這休息，也是為了避免有太多的抱怨，進而引起暴動。因此，他命令說：「大家就地搭起營帳，因為我們要在這裡休息幾天。」

梅瑟的助手若蘇厄負責在以色列子民的行列中，傳達梅瑟的命令。民眾一聽到這個消息，立即卸下身上所有的行李以及攜帶的裝備，開始按照家族一一搭起營帳。

此後，紮營的敲打聲此起彼落，卻也有人為了營地的位置或是不小心揚起的沙石而吵起架來：「你臉上沒長眼睛嗎？怎麼把石頭往這裡丟？」

「你沒看我正在清理這塊地嗎？你一定是故意的！欠揍……」

這幾天以來，人們累積的緊張和各種情緒，並沒有散去，反倒因為太過疲憊而一股腦地爆發出來。小孩子忍不住地啼哭，更是教人心煩氣躁。

吵吵鬧鬧中，很少人注意到當晚的夜空繁星點點，更沒有人欣賞到一早的燦爛日出。又是一個晴朗的日子。不過，天氣逐漸炎熱。幾個小時前，因為發現附近有水源，有些人便忙著縫補或是洗滌衣服，有的則是忙著修補擔架以及放置物品的架子，農也一樣把握時間，修補著抬父親的擔架。休息讓大家得以輕鬆一下，孩子們便開始玩耍、打鬧，少女們則是唱起了歌謠。差點忘了這些傳統的歌謠！因為她們在埃及工作，連喝水的時間也沒有，怎麼會有心情哼哼唱唱，便不會有發發聲、練練嗓的時間。現在，難得能放寬心情，她們便在回憶中思索，有的記得這一句，有的記得那一段，一字一句拼湊起完整的歌謠。女人費心準備餐點，特別是要能讓人容易消化的食物，那些從埃及帶出來的無酵麵包，早已經硬得跟石頭一樣了。

「希望還能吃上一陣子，」一個婦人，看著自己所剩無幾的食物，既緊張又期盼的說道。突然，有個聲音，讓整個隊伍頓時鴉雀無聲。

「埃及人！」一個人邊喊著邊把手指指向遠方。遠遠的，在最後面的一個沙丘那頭，在迷濛的夕陽下，依稀可見的形影，是埃及的戰車。

母親們一把抱起孩子，緊貼著自己的胸懷，只想保護他們，不讓任何意想不到的危險臨到她們的孩子；年輕人則快快拿起棍杖、利刃，或是任何可以作為武器的工具，面對迫在眉睫的衝突。一回過神來，他們仔細想想，這件事不如想像中的可怕與危急。

「不過是在很遠的沙丘那邊，碰巧有兩輛埃及的車子罷了！說不定，只是普通的車輛，根本不是埃及人的戰車。」一位身經百戰的老人家大聲喊，想要安撫惶惶不安的眾人。

不過，有些人仍是相當焦慮地問：「可……可是，這幾個人會去告密嗎？然後趁我們沒有防備時，突擊我們。」

「會是法郎和整支軍隊都在後面？」另一個這樣問。

另一個說：「這很有可能。」

又一個表示：「這是最不可能的，法郎日理萬機，沒別的事好管了嗎？怎麼會管到我們這幾千個落跑的奴隸。何況，之前那些大小災難應該讓他學到一些教訓了，不是嗎？」

「安靜！安靜！大家不要再小題大作了。那不過是兩輛車、四個埃及人，以及四匹馬而已。真是的，有什麼大驚小怪的。」又有個不以為意的人說。

但一個熱血的年輕人卻說：「我們最好趕快去一探究竟，」說完，他環顧四周，看看是不是有人要同他一起前往。立即就有八、九個人附和。於是，他們便帶著簡單而原始的武器，往沙丘那邊走去。

這時，埃及人一知道以色列人已發現他們，馬上就逃走了。畢竟，他們只是兩輛車，也就是四個人、四匹馬而已。他們原是埃及邊界上的駐兵，他們從發現以色列人走進沙漠時，便盯著這一大群人。而當這些年輕的以色列人趕到沙丘時，埃及人的身影已漸漸遠去，也沒有看到其他車輛、士兵在附近，至少暫時沒有。於是，就折返向大家報告這個消息。

這個消息讓營裡的氣氛回歸平靜。不過，梅瑟毅然決定當晚要繼續往前走，並且得趕快找到通往西奈半島的途徑，總不能在這裡等著埃及巡邏隊去通風報信，帶回整支軍隊，那時要跑可就來不及了。

「剛才誰說埃及人已經看不到我們了？」某個人冷嘲熱諷著。另一個則說：「假如有人以為這件事這樣就過去了，那他是想得太過簡單了，也是大錯特錯，這只不過剛開始而已。」

就這樣，一行人心情都不好過，七上八下的。黎明剛到，隊伍便開始行進，當中有人質疑起梅瑟的領導能力，「這個人，真的知道要帶我們到什麼地方嗎？」

「看來，他知道的也沒比我們多。」

「如果我們回到原來的地方，其實也沒什麼不好。」

「我才想不到會有什麼好處呢？」

「那麼，我們一下往北，一下又往南，我也看不到有什麼好的。」一路上議論紛紛。

又過了幾天，他們持續走著，不過，還是找不到通往西奈半島的路，反而是東面的湖沼愈來愈寬廣。有人還以為自己已經走到海邊，他們從沒見過海，因此對海相當畏懼，也曾聽過關於海中怪物的故事。那是他們的祖先從美索不達米亞帶來的故事：有一位神，殺死了海裡的怪物，並且藉由怪物的肢體創造了宇宙。可是……誰知道還有沒有更多的怪物在海裡面……不要再理會什麼海不海了……應該趕快找到梅瑟所說的那條路。

雖然路上困難重重，不過也該到了稍事休息、搭營的時候了。這一大行列，既有女人，也有孩童，老人也不少，更有牲畜要照顧，不能再走了。不過，這日的傍晚又遇到埃及人，或者該說他們又被埃及人找到了。這一次，不再是兩輛車、四個人、四匹馬，而是整支埃及軍隊，有戰車、騎士、步兵，是整個營的軍隊。

下午天氣開始起了變化，雲霧愈來愈深、愈來愈黑，並往以色列子民所在的地方移動，因此埃及軍隊也就不再往前，整個部隊停在黑雲的邊緣下。以色列子民也看不見埃及人，只知道他們就在黑雲的那一邊，只要夜晚一過，天明時分，就會追趕上來。以色列人開始緊張且不斷抱怨著：

「你帶我們死在曠野裡，難道埃及沒墳墓嗎？」

「你為什麼這樣待我們，將我們從埃及領出來？」

「我們在埃及不是對你說過：不要擾亂我們，我們甘願服侍埃及人。」

「服侍埃及人比死在曠野裡還好啊！」（《出谷紀》14章11～12節）

不過，梅瑟的助手——若蘇厄仍然在以色列群眾裡穿梭，不斷宣講梅瑟所說的話，鼓舞人心：

「你們不要害怕，站著別動，觀看上主今天給你們施的救恩。」

「因為你們所見的埃及人，永遠再見不到了。」（《出谷紀》14章13節）

當晚，以色列子民默默拆著營帳，等待著梅瑟的命令，隨時準備上路。這又是一個需要等待的漫漫長夜。到了半夜，颳起了強烈的東風，這似乎是個記號或像個密碼，梅瑟起來，走往海邊。他信誓旦旦地指向海，下命令：「往前走。」

人們聽了後邁開腳步往前走去，但也看見海水逐漸退去，而且是不斷分開，直到看見溼地，這溼地足以讓人踩在上面。

以色列子民在海中溼地上走過去。

隔天早晨，雲霧散去後，埃及人如法炮製，從海中溼地走過。他們的確走在相同的路上，不過這溼地卻不夠乾，不能撐起戰車、武器的重量，他們舉步維艱，車與車東倒西歪地碰在一塊，車輪也勾纏在一起。剎那間，風不再颳了，水又回到原來的地方。慢慢地，海將他們覆沒，像鉛沉入深淵。（《出谷紀》15章10節）

這時，已在對岸的梅瑟和以色列子民就唱起了詩歌：

我要歌頌上主，因他獲得全勝，

將馬和騎士投於海中……（《出谷紀》15章1節）

如果，天主寫日記的話……

今天所發生的，是奇蹟嗎？不要問我。對我而言，我所行的一切都是那麼的自然……「奇蹟」這個概念是人想出來的，也是人的問題。對有信德的人來說，一切都是奇蹟，一切也都是自然的（看從什麼角度來說）。對不信的人而言，沒有任何的奇蹟，因為不會有什麼奇蹟發生。反正「奇蹟」是人的概念、人的問題，人的說法。那看似奇怪的現象、不可解釋的事，都可以有自然的解釋：不過是東方的風颳了起來……。

但是，誰知道今天會颳起東風呢？而且是那麼強勁的風！不是梅瑟，他沒有向以色列人提到這事，而且他自己也跟大家一樣緊張；也不是以色列人，他們只是喋喋不休地抱怨；不是埃及人，他們只是驍勇善戰，好似進入豺狼的洞穴一樣。那麼，這是個奇蹟嗎？

還有很重要的事，我不願意傷害任何生命。我不會殺害誰，我也沒有殺掉這些埃及人。他們的死亡是因為人不能生活在水裡。人不是魚，也不是兩棲動物，他們為什麼要進入到原來屬於海水的領域呢？是為了延長帝國主義對人的壓迫嗎？是因為貪婪嗎？或是因為他們的虛榮，想以戰事來展現自己的能力嗎？還是，為了報仇呢？

人，以及他們的罪……。

19 ▶ 天上居然掉下了早餐‧

百姓沒有（找到）水喝。

——《出谷紀》17章1節

希伯來人從埃及人的手裡逃走，這危機是暫時告一段落了。自此，埃及人便不再打擾或是威脅他們。不過，客納罕地的確不是走幾步路、轉個彎就可以到達，絕對不是那麼近。而且西奈半島是一個沙漠，雖然不是遍地沙土，卻到處是石頭，除此之外什麼也沒有。偶爾會有一小株植物或是一叢灌木，不過卻沒有一棵足以稱得上是樹，怎麼也找不著筆直或是彎曲的樹木。水泉很少，水更少。一路上，他們用來裝水的皮囊逐漸乾癟，卻不見得每次都能遇到水泉，重新灌滿它。

就這樣，生活大不易，不是每天都能找到夠廣的草原搭營，有時得露天過夜，各自想辦法取暖。到了大清早，還要收集每天所吃的露水或是不知名白白的東西。

每天至少會有人的食物，但是牲畜吃的卻不一樣。山羊懂得扒動石頭，找最不可能出現的草皮，不過綿羊卻得有人引領，幫牠們尋找草地，而牛……則是愈來愈少。

「山羊的問題就是牠們總是分散四處，需要花許多時間將牠們帶回來，但綿羊都待在同一地方，很容易看守。」一個婦人邊說邊準備著早晨收集的白粉末。

「綿羊的問題是要花時間，把牠們帶來帶去，尋找一處又一處的草地，我看也是好不到哪裡去，一個半斤、另一個八兩。」另一個婦人則站在帳棚口應著，她接著又說：「就如同母親對兒子和女兒的關心一樣，孩子們長大了，兒子會照顧自己不用太擔心，不過，母親仍常常掛慮他，因為不知道他在哪裡；而女兒則是要小心審慎的看守她，如果你想要讓她待在她應該待著的地方……」

另一個回答：「你說得真對。看，在石頭那裡動來動去的是什麼？是山羊？還是個少年呢？」

一個揉著麵團的婦女微笑著說：「等他下來的時候，我們就會知道了，也應該注意注意小朋友們。」

在另一處，卡爾米和史米（示每）兩個小朋友交談著：「你喜不喜歡吃『是－什－麼』？」

「什麼『是－什－麼』？」

「我們每天吃的那個東西啊！」

「為什麼叫『是－什－麼』？」

「有一天，我問媽媽我們吃的是什麼，她回答『是－什－麼』。」史米聽了卡爾米的解釋後，很滿意的點頭。突然，他向另一處大喊：「媽媽，我可不可以和這個小動物玩一玩。」

這一喊，母親剛好有充分的時間反應，在自己的兒子快要碰到毒蠍之前，阻止他：「不！不可以。你趕快過來，讓牠平安的過去。」

很令人不解的是，為什麼在充斥毒蠍、毒蛇的曠野之中，沒有更多的意外發生，最嚴重的不過是孩子們自己不小心被荊棘割傷。他們在行走時還算規矩，不過一停下來，就很容易把小手指放在任何地方。

有一個人說：「小朋友總是靠近危險的事。」

另一個人說：「不是小朋友靠近危險，而是他們好像總是會遇到危險，也因此母親總有特別的任務。」

當天晚上，史米繼續不斷地唸：「『是－什－麼』、『是－什－麼』、『是－什－麼』，好像這是他新學到的字彙，也用這字造了許多的句子來講話：

「我喜歡『是－什－麼』。」

「我要更多的『是－什－麼』。」

「誰要更多的『是－什－麼』。」

「『是－什－麼』是白色的。」

『是－什－麼』沒有什麼味道……」

史米的祖父舍瑪亞（示瑪亞）不耐煩的說：「你今天一整個下午到晚上，一直講、一直講，不知道是在講什麼，讓人聽了很厭煩。」

史米回答說：「『是－什－麼』是卡爾米教我的，而且『是－什－麼』就是我們在吃的『是－什－麼』。」

舍瑪亞打斷史米的話，生氣地說：「夠了，真不知道你在說什麼，別再說了。」

史米知道自己不應該再和爺爺辯駁了，因此整個晚上，沒有再發出什麼聲音來。不過他偶爾斜著臉，瞄一下爺爺，發現爺爺的表情依舊嚴肅，看樣子他還是不能講話，而且家裡的氣氛很凝重，哥哥喝水時，滴了一點在地上，就被爸爸責備：「小心！水很少了，也不知道什麼時候會找到水，可能明天一整天都沒有水。」

就這樣，史米很快就想睡覺了。不過，他睡前還是向媽媽說：「媽媽，明天早上你要叫我起床和你一起出去，拿白白的東西，然後做成『是－什－麼』。」母親允諾之後，史米就開心的入睡了，嘴裡仍唸著：「『是－什－麼』、『是－什－麼』、『是－什－麼』⋯」因為現在已經不用害怕爺爺聽到。

隔天早晨天氣很晴朗，藍天和涼快的風讓景物看來更加生動。母親叫了叫史米，不過史米只是發出點聲音，翻個身又繼續入睡。不過母親仍不放棄，反而更加努力叫他起床，她知道現在頂多是多花半個鐘頭叫他，但假如沒叫醒他的話，史米一整天就會不斷抱怨，那就更麻煩了。終於，史米伸了伸手，揉揉自己的眼睛。在這裡，他們沒有水洗臉，因此就揉一揉眼睛，讓自己更有精神。慢慢地，史米完全清醒了，他發現其他的小朋友都在睡覺，自己卻和大人一樣，便很得意，也感到自己很重要。

他和母親一起出門時，志得意滿地說：「今天我幫你，我們會拿到更多。」

不過，母親卻潑他冷水說：「我們每天都拿一樣多，每個人拿到的也是供當天吃的，不多也不少。」

史米聽到母親的話，想了想。可是，他才不會輕易放棄，又說：「好吧！不過，今天我那麼早起，那我一定會吃更多，所以我們應該拿多一點。」

這一天豔陽高照，隔天亦然，他們依舊過著沒有水的生活。雖然走在山谷中，不過這山谷一滴水也不流。在這種酷熱的天氣下，就連蠍子也都藏了起來。到了中午，所有的希伯來子民紛紛開始抱怨。有一批人，想藉著稀疏、幾乎沒什麼樹葉的樹蔭來乘涼，他們彼此談論著：

「你知道我在想什麼嗎？我在想，埃及人曾因為梅瑟使埃及境內的水成為血，一整個星期沒水可用。」

「現在，說這些有什麼用？我們現在不就跟埃及人一樣嗎？」

「這正是我要說的，我的意思是，既然梅瑟可以使埃及境內整週沒水，難道他現在不能給我們一些水嗎？」

「要注意，不是梅瑟而是天主——我們祖先的天主，為了叫埃及人放我們離開而做了那些事。」

「老實說，我真搞不懂這神。」

「祂不是每天給你食糧吃嗎？難道你忘了那一次有多少的鵪鶉嗎？讓我們吃肉吃得多飽。」遠遠的，傳來比較小的聲音。

「不過就是那一次罷了！」於是，最早開口發出抱怨的人，又繼續講：「這就是我要說的，假如祂給我們準備了揉麵團的粉末，那麼祂也可以給我們一些水，讓水湧出給我們喝。」

「你很驢吔！難道你不知道粉末是在地上嗎？那麼，水一來不就把它們都沖走了嗎？」

「那祂可以叫水出現在器皿、皮囊裡呀！反正，這對祂也不困難啊！」這個主意倒也不壞，讓人可以陶醉其中，出神地想了又想。不過對於眼前這段要走的路，他實在不想再走下去，他發出更強烈的反彈：

「我真想和神面對面談一談，問問祂，為什麼祂從水裡將我們救出，卻要讓我們渴死？為什麼祂給我們吃的，卻不給我們喝的？」

事實上，這也正是眾人所想的，大家都渴望與神，梅瑟所提的——那神祕的神對質。不過眾人念頭隨即一轉：祂大概不會出現，我們最好還是面對梅瑟，反正他就在我們附近。於是，因百姓在那裡渴望水喝，就向梅瑟抱怨：「給我水喝吧！」

梅瑟回答他們：「你們為什麼與我爭吵，為什麼試探上主？」（《出谷紀》）17章

2～3節）

百姓又向梅瑟問：「你為什麼從埃及領我們上來？難道要使我們、我們的子女和牲畜都渴死嗎？」

此後，梅瑟沒再答覆他們什麼，他不發一語地走向山谷上方，好像是走向山谷最上方的磐石那裡。希伯來子民緊跟在他身後，因為他們知道每當梅瑟在接受上主的命令時，就是這樣不發一語地行動著，所以他們知道此刻上主正在領導他，如同那天晚上，他們離開埃及時的模樣；如同那一夜，他不發一語地走向海。

這時，梅瑟拿著棍杖行走，這棍杖對希伯來子民而言很有安全感，他們曾在埃及見過梅瑟藉著它行了許多大事，然後又在海邊見過一次，每次梅瑟都以特別的方式拿著它，好像是國王的權柄或是士兵的刀劍，卻不依靠它來行走。現在，梅瑟亦是不依靠棍杖來行走，反而將棍杖拿在手上並且高高舉起。所有的人都屏息以待，他們知道，在這條路的盡頭，上主在等待他們。這次他們沒有力氣來害怕或緊張，只是很渴，所有的女人、孩子、牲畜也都渴了，他們身後的不斷傳來，哇！哇！（孩子的哭聲）咩！咩！（羊群的叫聲），使他們更加確定不會有更糟的情況了。

他們走到磐石的前面，梅瑟就停住、站了一段時間，或許他不知道自己讓做些人麼，也或許他和那神祕的神正在談話，對此大家都敬畏的保持沉默——既害怕又無力的沉默。突然間，梅瑟拿起棍杖擊打磐石，就這麼一次，一次都不必多打，馬上就有水從磐石中湧出，而且很快地匯成一道小溪流。他們還因此必須離開溪流經過之處，以免被水的衝力絆倒。

梅瑟接著向大家說：「這水是天主給你們的，你們喝吧！讓你們的孩子喝吧！叫你們的牲畜喝吧！慢慢地，你們的器皿、皮囊也都會裝滿。你們喝飽，洗濯吧！直到水從你們的肚腹，再從肚腹內排泄出去，如同那一天你們要求吃肉一樣。所以，為了避免你們繼續不斷地試探天主，這就是瑪撒（試探）和默黎巴（對質）的泉源（《出谷紀》17章7節），因為你們在此處試探了天主，並願意與祂當面對質。

如果，天主寫日記的話……

多少次了？他們在出埃及前，態度已是有所保留了，害怕、擔憂、不決。離開埃及之後，亦是屢屢抱怨：過海之前，缺乏食糧或要求吃肉的時，以及今天的試探與對質。他們真是群頸硬的民族，一群心硬的人，如果他們不願意自由，不想要擁有我給予他們的福地，尤其是不接受我，那麼他們、我們何必在曠野呢？

今天，他們喝水喝飽，也洗完衣服、器皿。於是就很高興，然而他們會高興多久呢？他們見到了奇蹟，卻沒有懂奇蹟的記號，直到今日為止，他們仍和法郎一樣半斤八兩，沒什麼不同。他們見了水，卻沒有見到我的德能與邀請，假如他們讓我……他們雖心硬如同磐石一樣，亦可從中湧出信德的泉水，但這何時會發生呢？

20 ▶ 西乃山冒煙了

山上雷電交作，
濃雲密布，
角聲齊鳴……

——《出谷紀》19章16節

以色列人離開了勒非丁，那個沒有水的山谷，那個得靠梅瑟拿著棍杖打向磐石，才會有水湧出的地方之後，終於有休息的日子了。這一日，他們來到一座壯麗且使人敬畏的山，在山下找到一大片平坦且廣闊的地方紮營。

他們的確很需要好好休息一番，這幾個月來，接二連三發生的事，讓他們的情緒一直處在很緊繃的狀況。先是出埃及的時刻，他們好不容易結束了長久以來奴隸的生活，原本他們的生活只是歷史上的小小篇幅，突然間被大大改寫了。雖然，直至今日他們仍沒有片刻的安寧，也還沒有體驗到「離開」，還沒真正體驗到為奴的生涯結束了，這一切好像只會是曇花一現，似乎是個隨時都會消失的夢。他們在紛亂中離開埃及，也不清楚這一切究竟是怎麼發生的，是法郎允許他們離開的呢？還是法郎將他們驅逐出去的？或者是他們自行逃走的呢？

對此，他們說不出個所以然。而且埃及軍隊的出現，更強化了他們對現況那種短暫且匆忙的不真實感，像似泡沫一般隨時就會消失。接踵而來的是飢餓與口渴的痛苦，只能一直走、一直走，走在沒有任何生機、也沒有人煙的地方，他們經過曠野之地，在野獸咆哮的原野（《申命紀》32章10節）

最大的打擊莫過於受到阿瑪肋克人的攻擊，但他們卻沒被打垮，反而打贏了。因此，他們實在需要休息，除了休養生息外，精神更需要安慰，他們要了解這種種的一切，究竟有什麼意義。總而言之，他們真的需要好好想一想，明白到底發生了什麼事，就連梅瑟自己也需要這麼一段安靜和省思的時間。

就這樣，以色列人有了喘息的時刻，彼此間自然而然也就討論起來，他們三五成群地談論著這一切的經過，究竟是怎麼一回事。

一群男人談起了最近的事。「雖然，我們有時候會抱怨曠野和缺水的問題，也會抱怨梅瑟，抱怨一切，但也很滿意眼前的一切。」

「今天當然好，我們已經休息了不知道多少日子了。可是，從過去到現在，我們有什麼可值得拿出來說的呢？」

「這就是重點——我們能講些什麼。」

「至少我們有一些東西可以講。在埃及，你能講什麼呢？沒什麼好說的。我們談的頂多是：『你在哪裡工作？』、『你挨打了嗎？』、『誰家的兒子被殺了！』或者是在辛勞的苦役中渴盼有休息的日子：『什麼時候可以休息呢？』」

「休息（Sabbath）是那段時期我們說了最多的字眼，因為是我們最缺乏的。那時，不缺麵包，也不缺水，最缺的就是休息。」

「因此我一點也不驚訝，安息日對梅瑟非常重要。你們記得嗎？有一次，有幾個人在安息日去拿『是—什—麼』，他怒不可遏。」

「咦！你也叫『是－什－麼』？」

「別說了。我的孩子有天晚上，一直不停地將『是－什－麼』掛在嘴邊。對，就在我們經過水中溼地的前兩天，快被他煩死了。真不敢相信，我們已經在這裡了，白天不需要做什麼工作，之前我們可做過太多工作了，而且是為了別人工作。」

「這一切都過去了。」

「過去是表示已經過了。不過，當埃及人出現在沙丘時，我已經想到法郎和他所有的軍隊，包括戰車、騎士和馬匹正在追趕我們。我不知道法郎是否親自領軍，但出現的埃及人真的很多。結果第二天早上，他們大多數人的屍身都在水中漂浮著，偶爾也見到幾匹馬從戰車的軛下露出，或許其他的馬會游泳到岸邊吧。」

說到此，大家輕鬆地笑了起來，他們的笑容不帶報仇的快感，不過對埃及人所遭遇的事，也提不起憐憫之心，反正這些埃及人的確該受懲罰。他們開懷的笑了起來，真正為了自己可以永遠脫離惡劣的地方感到高興，而且現今這是真的了，他們確定已能完完全全接受及欣賞離開埃及這件事。

另一處，婦女們一邊修補著衣服，一邊談起天來。她們所修補的衣服並不是磨損的地方，而是在縫合處或是有些地方被東西勾到而裂開。

「真是的，這裡怎麼會有那麼多的刺藤啊！」

「除了這東西之外什麼也沒有，我一點也不訝異這裡沒人居住。」

「這樣子也挺好的呀！就是因為沒有很多樹，那麼就不用擔心孩子們爬上爬下，或是會在樹上找到什麼巢的。」

「可是，他們如果想和毒蠍玩一玩的話……」

「他們慢慢會知道自己什麼可以玩，什麼卻不可以。」

「你說這裡沒什麼人？不是有阿瑪肋克人，那些攻擊我們的人嗎？」

「啊！聽到他們的名字，我就感到害怕。當我們的男人們與他們作戰時，你們不知我的心裡有多害怕。有一段時間，他們逼近我們營區，我真怕他們會打贏。那時，我幾乎認定他們獲勝了。」

「不要再說了。我感覺快要被他們捉住了，我真不敢再想下去，誰知道落到他們手裡會有什麼下場。」

這時，一位少女正從婦女們中間走過，雖然她不懂她們的話題，但仍是靜靜待在一旁聽著，不說什麼。

「我的叔叔——胡爾（戶珥）當時正和梅瑟在山頂上，他說：『當梅瑟高舉他的手時，我們的人就會獲勝，不過當他手舉累了，放下他的棍杖時，阿瑪肋克人就勝過我們，並且直逼我們的營地。後來我們決定讓梅瑟坐在石頭上，由我和亞郎一人一邊托著他的手，把他的手舉得高高的。就這樣我們終於獲勝，趕走阿瑪肋克人。』」

「希望這一次是永遠把他們趕走，我可不想每天提心吊膽過生活。」

「從離開埃及到現在，我的神經始終緊繃，一直靜不下來。」

「咦！為什麼不是梅瑟親自領導我們呢？」

「他派遣若蘇厄做為領導者，對抗阿瑪肋克人。」

「梅瑟會不會太倚重若蘇厄了，他實在太年輕了，他的祖父不是還健在嗎？雖然身子已經很衰弱了。」

「阿瑪爾！」她繼續大聲地喊說：「阿瑪爾趕快過來，來這裡，快點。」

孩子回答說：「不行啦！我們正在玩，我不要過去啦！」

其他婦女問：「他們在玩什麼？」

「好像是用單腳倒勾在樹枝上，然後再比誰撿的石頭多。不過，如果掉下來的話，腦袋肯定會破個大洞。」

有位婦人說：「讓他們去吧！將來若蘇厄要從這些孩子中，挑選他的勇士。」

這時，之前在婦人中間停留了一下的少女，再次穿過她們，繼續走向另一群正唱著歌的女孩們。女孩們唱完一首歌後，她開口話話了：「你們知道嗎？剛剛我從一群婦女中間經過，你們知道她們在談論些什麼嗎？她們正談著那天男人們與阿瑪肋克人打仗時，她們有多麼害怕。當中一個人，誇張地說自己似乎感到已經被捉住了。那我被阿瑪肋克人俘虜了十天，又該說些什麼呢？

女孩子們問道：「對啊！我們聽說你的事了，你快點說說，到底發生了什麼事？」

少女回答說：「那一天傍晚，我正在收集木材時，突然有一隻手摀住了我的口，把我制伏，又用布綁住我的嘴巴及手腳，接著有兩個人把我從地面抬起，放到一匹馬上，然後很快地回到屬於他們的地方。」

「然後呢？」

「你們想想看，當時我一個人有多害怕，而且是在清一色都是男人的地方。他們看了看我，露出得意的笑容，對我說：『奴隸！趕快工作，妳有很多的事要做。』那幾天，我的工作量是你們難以想像的，拿柴、取水、洗一切的器皿，為他們做飯、打掃等等，絕對超過我在埃及所有的工作量。最糟的還在後頭，他們說：『奴隸你放心好了，我們很快會再帶些女奴來幫助你工作。哈！哈！哈！』當時，我真的覺得這一點都不好笑。」

有個女孩問：「那你還有聽到些什麼嗎？」

少女答說：「其他的，我大都聽不太清楚，因為他們說的話和我們不太一樣。他們談的以及要做的事好像就是『偷』，偷牲畜、偷人，尤其是女人，他們打算把女孩子賣給沙漠中的商隊，而且已經算計好了一切的所得，他們似乎就是以此為生的。」

另一個女孩說：「好險！他們沒有成功。」

少女繼續說道：「因為他們被發現了。他們原本就不是來打仗的，只打算要偷東西，搶奪財物、女人。等一切到手後，就會揚長而去。也因此，他們這一群只有男人，沒有帶任何妻小。」

又一個女孩說：「不過，他們幾乎快要打敗我們。他們真的很會作戰，我們的父親和兄弟與他們對抗時，差點就要擋不住了。」

少女回答說：「我並不是說他們不會作戰，但他們不是埃及神的司祭，只是些走往尼羅河的遊行隊伍，他們有刀劍而且又會使用。」

又一個女孩問：「那你是怎麼逃脫的呢？」

少女回答說：「他們被攻擊的時候，有些人忙著擬定作戰的策略，以贏得勝利；另一些人則是忙著計畫撤退的行動，以防沒有勝算之時，還有後路可退。因此沒人有空注意我，我便找到機會藏起來。」

「這些人就在附近，我們除了彼此守望之外，還需要更大的保護……」

正在此時，梅瑟召集以色列子民的長老們，跟他們說話，且要求他們接受這個特別的力量，對他們說出天主的話：

你們親自見了我怎樣對待了埃及人，怎樣好似鷹將你們背在翅膀上，將你們帶出來歸屬我。現在你們若真聽我的話，遵守我的盟約，你們在萬民中將成為我的特殊產業。的確，普世全屬於我……眾百姓一致回答說：凡上主所吩咐的，我們全要作。（《出谷紀》19章4～5、8節）

長老們聚集在一處，思索並反省自己從離開埃及直到今天所發生的一切事。對他們而言，離開埃及已是過去想都不敢想的奇蹟，而他們在海中溼地上走過，更是偉大的事。之後他們需要水時，也取得了水，每天在營地附近，也繼續不斷降下「是─什─麼」。不過，最重要的是近來所發生的事，天主在他們與阿瑪肋克人作戰時，所提供的幫助。他們確實感覺到有力量在支持他們，讓他們沒有從埃及奴役，換成阿瑪肋克人下的奴役，況且活著也不是為了述說這些當奴隸的日子。他們肯定發生的這一切事，當中就屬梅瑟的祈禱最具有響力，因此他們要和那位保護他們的神訂立明確的關係。梅瑟向他們提出的盟約，正是此刻他們所需要的。

可是，沒有任何人看到這位神祕的神，包括梅瑟自己，當眾人詢問他時，他自己也這麼承認。他較接近神的一次，就是祂顯現在燃燒的荊棘叢中。沒有人，從來沒有人看過這位神。那麼，以色列子民怎麼能和從未見過的一位，訂立盟約呢？人們心想：梅瑟為什麼不造一座神的雕像，使我們可以知道、了解祂是誰呢？這麼多的祕密與不解，讓他們深感懷疑，也有滿腹的疑問。

但換個角度看，又怎能不和這位一直不斷幫助他們的神，建立盟約關係呢？過往的事件，支持他們與這位神訂立盟約，可是過去的已經過了，將來呢？無論如何，他們決定接受梅瑟所提的盟約，於是梅瑟上了山。

此時西乃全山冒煙，因為上主在火中降到山上；冒出的煙像火窯的煙，全山猛烈震動。角聲越響越高；梅瑟遂開始說話，天主藉雷霆答覆他……（《出谷紀》19章18～19節）。

如果，天主寫日記的話……

今天是個偉大的日子、等待的日子，我已經等了人間的幾個世紀之久。終於，時刻到了。終於，有一個民族與我有了直接的關係，這個民族是我光復世人的橋頭堡。現在，訂了一個永久的盟約，我知道它之後會再更新幾次，而且也應該有一次會是到永遠的復興，但是，那又得再等上好幾個世紀。不過，沒關係，我可以等待。那麼這麼大的喜事，我怎麼會不放鞭炮、爆竹，不論是整座山或是整個世界都在歡樂、鼓動。

與我訂立盟約的百姓中，其實內心並不平安，或是對我只擁有百分之十的安全感，或是對我只缺少百分之十的穩定感。信德永遠不簡單，因為看起來很簡單。我已經寫了幾章命令，因為他們需要這些，這些對他們來說好像很重要，他們必須相信他們正在做些什麼的，以及需要體驗到自已是在遵守盟約。其實，唯一的盟約就是相信，他們所能給我的也只有相信，而遵守盟約已是信德的恩物了。

21 ▶牛犢和約版

梅瑟轉身下山，
手中拿著兩塊約版……

——《出谷紀》32章15節

梅瑟在山上已過了好幾天，山下的百姓常常聽到轟轟雷聲，尤其在夜晚，閃電更是清晰可見，山頂總是被微微的紅光所圍繞，整座山也隱藏在濃密的雲霧裡，只能依稀見到山的輪廓。不過，每當一道道閃電劃破天際時，天空看起來似白又似藍（太快了，讓人無法分辨）。整座山也頓時亮起來，讓人既驚訝又害怕。閃電過後，雷聲隨之而來，持續不斷的隆隆聲，更令人難忘，內心的恐懼也就縈繞不去。不只如此，整座山開始震動時，在山下搭營的以色列子民不禁憂心忡忡。

就這樣，一些人談論了起來。

「一開始我就感到害怕，從小我就怕雷聲。」一個成年人正和眾人談著話，因為他們沒什麼事可做。

「不，這不是雷聲。看，一滴雨也沒有。」

「不是因為不需要。」

「我怕的是大地的震動。」

「因為這是一座火山。」說話的人過去曾與埃及主人到國外幾次，購買一些材料打造建築物。

「對，我聽過這附近有你說的火山，好像是在米德楊附近。不過按我所知，火山應該會冒出許多許多的煙，事實上是一些很熱的塵土，之後降到地面會凝固起來。更可怕的是，從山上會流下很燙的石頭漿，很像我們吃的濃湯。人們說，這是山上熔化的岩石，會流成一條河道。」

大家一聽就更為害怕，直盯著西乃山頂，深怕有岩漿傾流下來。可是，觀察了一陣子，真的沒什麼東西流下山來，才讓他們稍稍放心。

有個人說：「這裡也沒什麼塵土，也沒有你所說的石頭漿啊！」

「因為這不是一座火山。你們放心吧！地震不會使你們的帳篷倒塌的，而剛剛這位有學問的朋友提到的石頭漿，也不會掩蓋你們。」

「那這些聲音、現象是怎麼一回事？」

「沒什麼事啊！不就是梅瑟和天主正在商量，訂立盟約呀！說不定是天主要求太高，梅瑟就和祂討價還價。」

「這一點也不好笑，我想無論是梅瑟，或是他所宣報的那位神，都不會喜歡你這個玩笑。」

過了一段很長的時間，人們又開始躁動起來，他們已經習慣了雷霆、閃電，這些對他們而言雖不能讓他們喜悅，但也不使他們害怕了。人們又開始談論起來。

「我們一定要做些什麼，總不能一輩子都待在這裡吧！」

「我帳篷所用的木頭快要長出花來了！」一個人開玩笑地說道。

「假如有更多的水，你說的倒是很有可能，問題是在這裡……」

「好吧！也許不會開花。不過，它們已經在土地上牢牢紮根了。」

「那是一定的。」

「那麼之後，誰要把它們拔出來呢？總有一天，我們應該會離開這裡啊！」

月圓時分再度降臨，百姓知道梅瑟在山上已經足足一個月了。人們的不耐煩轉為判斷，長老們於是聚集一處商討著。

「若蘇厄實在太年輕了，而且他跟梅瑟都在山上。」

「我們應該找個領袖來領導我們。」

「那簡單，我們找梅瑟的哥哥亞郎（亞倫）來商量，他不就是梅瑟和法郎講話時的代言人嗎？反正，他從一開始就和梅瑟一起處理事情，他應該知道怎樣最好，我們該做些什麼。」

「我想我們應該找另一個不是他的親戚，也不屬於他們支派的人。」達堂說，因為他是屬於勒烏本支派的人，而且他想做領導人，因此強調領導人應該屬於雅各伯的長子勒烏本的子孫。不過大多數的長老，還是主張找亞郎來商量，因此大夥就前往亞郎的住處。亞郎與他們來往時感到有些害怕，因此語帶保留。

長老們向亞郎說：「你的兄弟，那領導我們出離埃及的梅瑟，已經一個月不見蹤影了。如果沒有發生什麼意外的話，也應該餓死了吧！」

「說不定是天主——他所提到的那位神祕的神把他帶走了，如同我們的祖先哈諾客（以諾）一樣。」

「現今我們該如何是好呢？沒有領袖，也沒有神在我們中間，沒有人領導我們，我們該往哪裡去呢？」

「就目前的情況來說，重新再選一位新的領導者很不妥當，時機也不對。雖然我們現在不知該做什麼好，但最不能做的就是彼此分裂，特別是在這種曠野中，我們大家應該好好談一談，達成共識。」

「那麼，你先為我們塑一個神吧！讓祂成為全民團結的中心，並且是一個可見的神，讓我們可以看得見祂，好使我們在祈禱時知道應該面朝哪裡。」

亞郎驚訝地望著他們，其實他早有心理準備，要接受長老們提出新的領導者名單（包括沒有他名字的名單），為此他已害怕好幾天了。可是，他從來沒想到，他們居然會來向他要一個神。

於是，亞郎就回答：「不久前，你們自己說想要和那位幫助你們出離埃及的神訂立盟約，我弟弟上山的目的也就是為了這個。」

一位長老馬上接著說：「對！對！我們都知道。不過，現在狀況不一樣了。一個月了，一點消息也沒有。大家都很恐慌，我們總應該作些什麼，讓人心安。而且，你別騙自己，你不也認為那個梅瑟，是永遠不會從山上下來了嗎？」

講這話的人正是達堂，他的話語中充滿諷刺。這些話對亞郎來說是頗具威脅的警告，提醒他自己快不能掌握權力了，這讓他感到相當害怕。迫於長老們的要求，亞郎於是想找個辦法暫時應付這件事，跟他們一起商量，試圖保留梅瑟所留下來的（天啊！難道我自己也認為梅瑟死了嗎？），同時也為自己留條後路。

因此，他開始說：「也許我們能協調一下。」

一個長老立即說：「不！我們願意有一個神，一個我們可以見的神，如同埃及人所有的一樣。」

亞郎回答：「可是，拯救我們的神是不能為人看見的，我怎能塑一個祂的像呢？從來沒有人見過祂，就連我弟弟梅瑟也一樣。」

另一個長老打斷亞郎的話說道：「對！就是因為這個緣故，你為我們做一個可看得到的吧！」

亞郎提議：「或許我們能做一個寶座，甚至於就是……天主的寶座。但不是天主的像，可是卻具有指標性的意義，使人知道敬畏天主可以朝向哪個方向。」雖然，這是亞郎的提議，他自己卻相當害怕，他知道這個主意其實很危險，很容易讓人以為這座像就是神。而且，他們所要朝拜的神，不是坐在革魯賓之上的神，而是那具有牛犢形象的革魯賓……

「不管做什麼都好，你應該有作為……如果你有點能耐的話！」達堂的語氣既輕蔑又諷刺。達堂的這些話是長老們和亞郎之間最後的對話，然後他們就不發一語地離開亞郎的帳篷。之後長老們之間沒再多談，他們不知道這樣算不算是完成自己的使命，也不知道到底是給了一記警告，還是形成一個陰謀。

就這樣，亞郎按照長老們的要求，長老們也提供亞郎所需，把人們所有的黃金給他（以色列子民劫奪了埃及人的金銀之物……《出谷紀》12章35～36節）亞郎把金子做成一具牛犢的塑像，這實在是個很粗糙的塑像，但是他們身處在曠野中，再好的技術也會受到限制，亞郎又何嘗不是被壓力所限呢？反正，牛犢是黃金塑成的，有重量、有價值，且閃閃發光，自然是吸引眾人的眼光。隔天早晨，正逢每月的初一，他們就慶祝起來。

奉獻了全燔祭與和平祭，
以後百姓坐下來吃喝，起來玩樂。（《出谷紀》32章6節）

梅瑟上山四十天後，天主與他之間的對話結束時，給了他一個禮物，這可以說是一個紀念品，也可以當成一個記號：二塊石版，上面刻著法律，總括性的法律。西乃山的石版，天主的書法！這二塊石版相當重，就如天主的光榮極具份量一樣。梅瑟幾乎沒有注意到它的重量，因為收到這份禮物，他實在非常高興。他心想，等會下山，眾人一定很開心地歡迎自己，子民已經有好一陣子沒有見到他了。此刻他們一定是在等待他，而且他又帶著天主的許諾歸來，更帶回了盟約的石版。

梅瑟從山上下來時，聽到營中的喊叫聲，心裡感到有些吃驚。

若蘇厄對他說：「你猜猜看是不是打仗時的呼喊聲，我想一定是阿瑪肋克人又回來了，這一定是打仗時的呼喊聲，也可能是我們子民獲勝的歡呼聲。」

這只是年輕的若蘇厄的想像力，近來他才剛帶領子民獲得勝利，因此很容易就這麼認為。可是梅瑟的年紀比較大，生活經驗較豐富，他就不這麼想了：

「這不是戰勝的歌聲，也不是戰敗的吵聲，我聽見的是應和的歌聲。」（《出谷紀》32章18節）

過不久，梅瑟可以清清楚楚看見營地，以及人民的一舉一動。營中有具牛犢的塑像，在那前面還臨時搭了一個祭壇，而且這祭台有祭獻過的痕跡。這時，少女們跟隨手鼓的響聲跳著舞，年輕人也圍繞在祭台周圍，但位居前方的亞郎臉上很明顯擺出心不在焉的表情。梅瑟立刻就明瞭這是怎麼一回事，他自己在埃及做埃及王子時，看過太多動物肖像的神明，也參加過為這些神準備的慶節活動。

怒不可遏的梅瑟，表情就像米開朗基羅所雕塑的像一樣堅硬。在若蘇厄還來不及阻止他之前，他已經將兩塊石版高高舉起，然後重重摔向附近的石頭。

「不可以。我主——梅瑟，這是律法的石版。」若蘇厄一面喊叫，一面想阻止梅瑟的行動。

「哪一個盟約？」梅瑟充滿著義怒回答，接著又哀痛地說：「這些子民剛剛破壞了盟約，這二塊石版已經不再是盟約的石版了，它們不過是二塊石頭罷了。既沒用，又很重，我不需要它們，我想……你應該也不需要它們。」梅瑟假設若蘇厄同他一樣，心中早已有了盟約。

梅瑟一到營中，人民又驚又怕。他一句話也不問，一個字也不說，也不關心人民有什麼想法，也不看任何的人。他立即走向塑像，拿起大木椿直打向金牛犢，他一直打，一直打，實在很難想像用木頭可以打碎黃金作的塑像，不過更難想像的是，梅瑟的憤怒會如此的大。此時，沒有任何人阻止梅瑟的行動，相反的，可以見到達堂站在人民的最尾端，想要把自己隱蔽在人群中。梅瑟繼續不斷地打，依舊什麼也不說，他就是一直打，也沒有人敢和他說話。沒有人知道時間到底過了多久，時間就好像靜止了一樣，像是為了讓他完成這項工作，可以一直打、一直打，打到塑像成為粉末為止。

每個子民低著頭默默退到自己的帳幕裡，他們把手放在自己既難過又失望的臉上，偶爾也拉扯一下那令自己羞愧的腳，反省著自己近來放肆的手舞足蹈。

亞郎跟梅瑟說話時，想辦法為自己找藉口：「我先前已和子民說，這不是神而是神的寶座，是我們上主天主的寶座。不過，你也知道這些子民太過執迷不悟。」

「你也知道不是嗎？那你為什麼還做這種事？這百姓對你作了什麼，你竟使他們陷於重罪？」（《出谷紀》32章21節）

「他們威嚇我、引誘我，使我相信你已經死了，整個營幾乎可說是發生叛變。」

梅瑟苦笑說：「所以你是在努力維持王朝嗎？繼承我的一切，或者你害怕了嗎？」

「對。我怕。」亞郎發出微弱小的聲音說。

「應該時時相信天主，包括今天所發生的一切事，更要懷著希望，相信天主會赦免你及全體子民。」梅瑟回應。

如果，天主寫日記的話……

會的，我寬恕。當然，我會寬恕他們，不是因為梅瑟的請求，而是因為我是善。我多麼不容易接近人，更何況是一整個民族，這也是一個理由讓我寬恕他們，直至目前為止，沒有另外一個民族與我來往。會的，我會寬恕他們這一次、下一次、下下次，直到千萬次，因為他們對我的不忠誠，仍會繼續不斷重覆。但是，我要永遠地寬恕他們。

總之這是我所選的民族，而我是忠信的。

22 ▶耶里哥的城牆

水就停住了……

城牆就坍塌了……

——《若蘇厄書》3章16節、6章20節

以色列子民滿懷期待在基耳加耳（吉甲）紮營，他們已經立足在一塊新的土地上，這條路是他們從來沒有走過的（《若蘇厄書》3章4節）。對他們而言這一切是全新的體驗，但也是暫時的，他們仍住在帳篷中，不過無需再收集瑪納，也就是大名鼎鼎的「是—什—麼」。

這時，在他們面前的是一座大城，處處是房子，雖然他們對房子一點概念也沒有，直至目前為止，他們一輩子都是以帳篷為家。但是，他們有一個許諾、一個希望：一天，他們將會擁有房子，而且房子的周圍就是菜園，菜園裡面將種植許多蔬菜和會結實的果樹，例如甜美的無花果等等。雖然，目前所見所聞是嶄新的體驗，不過他們也該會慢慢習慣，熟悉不一樣的風景、不一樣的空氣。當然天氣還是很熱，只是不再是曠野一般的酷熱。

他們居住在山谷裡，在群山環繞之下，感覺自己就像裝在囊中的物品。不過，約但河的山谷並不寬闊，河流也是，尤其在聽過別人描述尼羅河之後，就不覺得約但河有什麼稀奇的了。他們往西邊望去，有一座山又高又陡，而且光禿禿的，似乎滿布石頭，真像他們這十幾年來走在曠野的景色，因此有人抱怨起來：「假如許諾之地不過如此一般，那麼可以許諾給我們曠野就好，至少還離本來住的地方比較近；我看這兩者差不了多少。」

該如何讓人民了解這件事，而且保持著高昂的精神呢？有人便開始解釋：「我們所要領受的許諾之地，將有些好的土壤，可能是在另一面的山坡下，或者是在山頂的台地，或是在河的對岸，我們曾有這樣的經驗了。」

沒錯，在東邊他們看到的山，其實應該是高原，它位居於敘利亞、阿拉伯沙漠的西面，這是他們在過約但河之前，早已走過的地方。他們與當地的居民交戰，贏得了土地，因此有幾個家族的支派得以定居。不過，這些已擁有土地的家族，他們支派的男子，仍隨同其他子民一同過河，幫助所有的弟兄擁有土地，直到大家都有定居之地，就如梅瑟所說的：「直到上主使你們的弟兄，像你們一樣，占領了上主你們的天主，賜給他們作為產業的地方。」（《若蘇厄書》1章15節）

就這樣，每天晚上，在子民等待攻擊耶里哥（耶利哥）城的夜晚，總是不斷討論這些內容。安息和土地：對人民而言，安息的定義不再是待在曠野不用工作，他們已經好幾年沒有工作了。現在，人心渴望的安息，是停止漫無目的地遊走，那只是沒有目的的、也沒有結束的走動。安息應該是找到一個地方，然後讓人可以說：我們已經到了，不然至少知道留在這裡就夠了。安息尤其是為了要結束一切暫時的情況，讓人知道自已擁有什麼，有什麼資源，能做些什麼，在哪裡做、何時可做。而不是每天、每次都是取決定梅瑟的命令，或是從若蘇厄口中，人民才知道當天該做些什麼，何時該做。說到了安息，就會談到土地。

以色列子民望著對面不遠處的耶里哥城，看著那城有著許多高過城牆的棕櫚樹。這城門總是緊閉，沒有任何人進入城門，也已經有好幾天沒見人從城裡出來。至少從以色列子民到達此地時，就沒見過任何人在城門附近走動。於是，人民又討論了起來。

「他們一定相當怕我們。」有個人非常肯定地說道。

「你怎麼知道？」

「我堂哥跟我講的，若蘇厄曾派遣他去那城，打探城裡虛實，他是若蘇厄派去的偵探中的一個。」

其實，談話的這幾個人，與這位偵探也都是親戚關係，不過是偵探的遠房堂表兄弟。因此，他們之間不用多提名字，很容易就知道是誰了。這份緊密的關係讓彼此很熟悉，但也不甚歡喜。

大家點點頭表示贊成後，又有人接著說：「我還是覺得我們應該要做些什麼，每天就只是繞一圈城牆，能有什麼事發生呢？」

「我們繞一圈繞得越久，表示我們停留在同一個地方越久。」

「我們能拿些沙土在城牆外堆疊，堆到與城牆同高。這不是個很好的辦法嗎？我父親曾和我提過，他以前的埃及監工曾看過這種做法。可是，不知道是誰在哪裡做的？」

「哈！不知道是誰在哪裡做的？你聽到聲音，卻不知道鑼在哪裡嗎？其實做土堆的正是希克索斯人，那些人曾在好幾百年前攻擊過埃及，讓埃及人到現在一想到還很驚恐。其實，埃及人壓迫我們的祖先做苦役，就是以為我們和希克索斯人有什麼關係……。」

「這正是我要說的，就如希克索斯人用這個方法侵略埃及，同樣的，我們也可用來攻打耶里哥城啊，我會做……。」

的確，人民閒來無事，打發時間的方法就是成為很好的謀士或是將軍，每當他們手握刀劍或是矛棍時，就不斷說起軍事戰略。

「我還是相信若蘇厄，既然城中的人已經怕我們了，那麼最好的策略就是等待，讓他們如同熱鍋上的螞蟻，我們無需再加火或是攪動鍋爐。」

事實上，這句話對他們而言只是句諺語，而不是他們的生活經驗，因為前不久瑪納（就是「是－什－麼」的音譯）停止出現後，他們才開始吃一般人民土地出產的果實。所以，他們根本還不清楚鍋子是個什麼東西，但很明顯地是個很適當的比喻。沒錯，那些耶里哥人待在城裡愈久，愈失去作戰的信心，也愈不想打仗。以色列子民之中有各種各樣的辯論，有人認為攻擊耶里哥城一點也不值得，因為那塊土地看起來不怎麼樣。

也有人提到：「為什麼要毀滅這座城呢，反正他們已經怕得要命，我們可以穿過這城，然後繼續前進。」

「土地非常好，我們可以相信若蘇厄，特別是這個訊息。」另一個說道。

「很多年前，梅瑟曾派遣一些探子去打聽這城，若蘇厄就是其中之一。他自己親眼見過這塊土地。」

「那麼，我更不懂了。他們當時為什麼不馬上進入此地……」

「因為當時他們見到巨人阿納克人的子孫，」第一批偵探的姪子繼續說：「我伯父曾說，那些人很可怕，我們在他們眼中只不過像蚱蜢一樣小。」

「那麼，現在他們都死了嗎？還是他們的後代個個都成了侏儒了嗎？」另一個人帶著訕笑的口吻說著。

「住口！這些話讓我們在曠野中漂泊三十幾年，難道還不夠嗎？」

「也不能這麼說，事實上我們絕大部分的時間，是很舒服、輕鬆地停留在卡德士巴爾乃亞綠洲之中。」

「你說說看，關於這塊土地，若蘇厄和其他的偵探說了些奇妙的話。」

「不是他們說了什麼，也不是什麼甜蜜的話，他們是帶回一串葡萄藤，而且很大、很重，他們花了兩個人的力氣，才能將它抬回來。」

「好吧！那為什麼我們還在這裡呢？既然城裡的居民已經那麼怕我們，連邁出城門也不敢，那就表示這條路很空曠啊！」

「不過，或許山上的人還不認識我們。」

「那麼，這城的人怎麼認識我們呢？」

「因為他們生活在約但河谷之中，所以約但河岸那幾個被我們殺死的國王遭遇，他們自然會聽到。」

「我認同你所說的。我真不知道要怎麼做才能相信自己，我們現在的人數已經不比剛離開埃及時了，老年人漸漸死在曠野裡，就連梅瑟也死在河的對岸。」

一聽到梅瑟的名字，人們立即帶著尊敬沉默下來。他領導眾人這麼多年，即使他走了，人民對他的尊敬，不僅沒有減少，反而是不斷增加。有關他的傳言也愈來愈多，有的說：沒有人見到他的遺體，也有的說，天主親自將他埋葬在一個隱密之處。梅瑟真是個偉大的人物，同他在一起的那一代，沒有任何人能和他相比。而這一代的人則更不用說了，就連若蘇厄，也只是稍微展現他的光榮罷了。人們對梅瑟的頌揚愈來愈大、愈來愈多：「他就是天主和人所鍾愛的梅瑟，人一提念他，人就都讚揚。」（《德訓篇》45章1節）

以色列子民在此處紮營，有個婦女們讚不絕口的好處是，她們每天都有水可用，耶里哥城的人都不敢踏出城門，她們自然更放心到約但河汲水。不論她們有多少器皿，約但河都有足夠的水滿足她們的需要。婦女們把所有器皿裝滿水後，就開始在河邊洗衣，有的拿著石頭敲打衣服，有的則是將衣服放入河水裡洗濯一番，有的則是把洗淨的衣服晾在枝條上，她們一邊做事，一邊談起話來。

「我們還會在這裡停留很久嗎？」

「不會的！若蘇厄不是說我們每天要繞城一次。然後，有一天我們將繞城七次，那一天城牆必會倒塌。這事很快就會發生。」

「對，我們已經繞城六天了。」

「而且他們說應該毀滅整座城，真可惜。其實我們可以好好善用這城的，不是嗎？難道，我們還有很多機會可以遇到這麼好、一切都準備妥當的城市嗎？」

「可是，若蘇厄的確是這麼說的，要殺掉城中的任何生命。而且他說：這是天主對城民的懲罰，如同我們所知道索多瑪和哈摩辣城的故事一樣。這兩座城本來就是建立在離此地不遠的地方，如今只剩下灰燼。現在，我們就是那要降在耶里哥城的硫磺和火。」

「那麼，我們為什麼要保留那個妓女和她家人的性命呢？假如是要懲罰他們犯下的罪，那留下這妓女又算什麼？」

「她保護我們二位偵探，我妹夫就是其中一個。我妹夫說，她把他們藏在她屋頂上堆積的麻稭內，然後，那女人用繩子將他們二人由窗戶縋下去，因為她的房屋是在城牆

上，她也住在城牆上。」（《若蘇厄書》2章6、15節）

「你妹夫可真行，真會選地方。」這位婦女笑咪咪繼續說著：「他很懂得往哪裡投奔吻！」

「不要汙衊我妹夫，你這話一出口就等於是汙辱我妹妹。」

「你想太多了，我只是說，他很會選地方……」

另一位婦女趕緊換個話題，企圖改變這兩人的爭論，她說：「咿！你們真的相信我們一吹號角，城牆就會裂開嗎？」

「你想想我們過約但河時，約櫃一進入河水，上游的河水馬上就停了不是嗎？難道，你忘了？約但河的水完全靜止，水也完全退去，讓我們可從河道上經過。」

「對，沒錯，是真的，我記得。不過，這和海的分裂比起來就不算什麼了。」

「對，對，那真是件偉大的事。這個故事，我爸媽跟我說過無數次。在曠野時的夜晚，他們不斷向我述說這件大事。那時，在他們兩邊裂開，波濤一分為二，好像二堵透明的牆在他們左右。而且他們平平安安走過大海。」

「這是當然。不過，追趕我們的埃及人也想跟我們一樣通過，但沒被邀請就……」

「沒錯，法郎和他所有的戰士就這樣葬送在大海之中，浪濤淹沒了他們，像大石沉入海底（《出谷紀》15章5節）他們的身體或浮或沉，又或是肚皮朝下，又或是雙眼望天，因為海將他們覆沒，像鉛沉入深淵（《出谷紀》15章10節）。還有他們的馬匹在水中掙扎著，想辦法浮出水面，卻不知要游向哪……。」

婦女們說得正起勁時，有個子孩前來通知她們說：「若蘇厄要你們早點回去，而且今晚要早點休息，明早要早起，圍繞耶里哥城走七次……。」

到了第七遭，司祭們吹起了號角……百姓於是叫喊，號聲四起；百姓一聽到了號角聲，放聲大叫，城牆便坍塌了；百姓遂上了城，個個向前直衝，攻陷了那城。（《若蘇厄書》6章16、20節）

如果，天主寫日記的話……

耶里哥的城牆……。

對我而言，最困難的就是打破這民族與我之間時常有的隔閡。當他們還沒進入這塊土地時，就已開始盤算著一切有價值的東西，對這土地所有的思想，都圍繞在它的價值或是利益，而沒有看到這塊土地是我給予他們的禮物。

他們似乎已經開始自滿，滿足於自己所有的能力，認為自己夠強，足以克服……他們思量了許多許多的事，不過卻不包括平安的接受且承認這一切來自於我。

就如同那天的下午……從那天起，日復百日……。

23 ▶ 太陽不西沉

太陽！
停在基貝紅！
月亮！
停在阿雅隆谷！

——《若蘇厄書》10章12節

基貝紅（基遍）人用詭計欺騙了若蘇厄以及以色列的首領們，讓他們和自己立約，以保存自己的生命。不久之後，若蘇厄發現基貝紅人根本不是從遠地而來的人，相反的，正是以民在基耳加耳（吉甲）紮營附近的居民。他感到相當憤怒，他接受了毀滅一切的命令，要毀滅敵人所有一切，即使不必像以民這些日子以來，有系統且徹底地毀滅耶里哥及哈依（艾）城一樣，但還是要承繼天主給以民的許諾之地。對若蘇厄而言，這是天主所要求的毀滅律，而且天主的旨意不能有半點討論的空間，只能全心全力去執行。

此外，以色列人民對阿干（亞干）的教訓仍然記憶猶新，在阿苛爾（亞割）山谷（意思是災禍的山谷），他活生生被以民用石頭砸死，因為他在耶里哥戰役時，私自拿了原該奉獻給天主的物品：一件美麗的史納爾（即「巴比倫」）外氅，二百協刻耳銀子，一條重五十協刻耳的金條。他自己也這麼向若蘇厄承認罪行：「我在戰利品中，見了……我因貪愛便拿走了。」（《若蘇厄書》7章21節）就是因為阿干得罪了天主，造成以民在攻打哈依城時慘敗，約有三十六位以民無辜慘死，但理虧的以民無法與天主再爭辯什麼。是的，祂既協助以民也要求以民，因為祂是天主，並以天主的尊嚴行事。於是，基貝紅人既是本地人就該……。

不過，若蘇厄和基貝紅人立約是個不爭的事實，不能不遵守，因此若蘇厄召集會眾的首領們一同商量對策。

「你們看，這些基貝紅人用計，欺騙我們，他們根本不是從遠方來的，他們本該和這附近的居民一同被毀滅，可是我們已和他們立約成為同盟，現在該如何是好？」若蘇厄簡單明確地把問題向大家提出來。

「我想最簡單的方法，就是向他們的領導人說，我們之間訂的盟約無法成立，我們還有更高的命令要遵守。」有人似乎想快刀斬亂麻。

一個人附議說：「對，讓他們知道是欺騙使得盟約無效。盟約原是立在他們是遠方的人，與天主給我們的毀滅律並不衝突，但他們卻故意欺瞞我們。如果立約的一方，從一開始就用伎倆欺騙另一方的話，那麼這份立約根本是無效的……。」

懂得法律的人馬上運用自己的才能加以解釋，正當他欲罷不能時，就有人打斷他的話：「如果是這樣的話，我們也可以給他們足夠的時間，讓他們去很遠的地方居住，那麼按我們之間的約定，他們就能保全性命存活下來。此外，換個角度來看，放逐對他們來說也是很大的懲罰，這麼一來，我們也可如天主給我們的許諾，繼承他們的產業了。」

這話出自一位長者口中，不過並不是所有人都認同：「不，絕對不行。這樣就開啓一個惡例，讓四周的居民認為我們是弱者，那他們就不會再害怕我們，對我們的懼怕也將如晨間的霧氣一樣，消失一空。」總有些政治（軍事）火爆份子，常常耐不住性子，也不肯稍作讓步。

另一個人則說：「更糟的是，如果我們沒有遵守天主的命令，那麼天主就會離開我們，這樣的話，我們這個民族如何生存呢？」宗教激進份子也不肯讓步。

「但是，現今我們最不能做的事就是在此時、此地殺了他們，在天主面前這是件罪惡，因為天主也命令我們應該尊重人的生命。」若蘇厄提到，他常在梅瑟的身邊，對於天主的法律自然是謹記在心。

「沒錯，要尊重人生命，但不包括應被毀滅的民族的生命。」激進份子接著說道。

「可是，我們如何知道這樣子的詭計——基貝紅人欺騙我們，不是出自天主給我們的記號呢？讓我們明白，祂要我們遵守的毀滅律究竟意義為何。」

若蘇厄跟在梅瑟身旁，也學到一點關於天主的憐憫，所以再次省思這件事的意義，另一方面，他知道人們總是很容易將自己的意思投射在天主的旨意上。他還記得就連梅瑟自己也曾因忍不住自己的怒氣，再一次為了人民上山領受盟約的石版，再次接受他原先不肯原諒因而毀去的石版。若蘇厄從中體察天主的憐憫，也思索著基貝紅人用詭計和以民立約，是不是其中也有天主仁慈的旨意，或許這正是天主為讓以民了解毀滅律內涵所給的記號。

火爆份子和激進份子一聽，立即同聲問題：「你這話是什麼意思？」

「讓我們好好想一想，」若蘇厄平靜地回答，接著又說：「起初，天主向我們許諾些什麼呢？祂要我們做什麼呢？」

「天主說，我們要繼承這塊土地。」宗教激進份子立即回答蘇厄的話，他對天主的許諾字字句句都記得很清楚。

「對，沒錯。」若蘇厄緩慢且穩重地說道：「天主要我們繼承這塊土地，現今我們可以懂得其中的原因還有意義，那就是普天下所有的一切都是祂的。所以在很久以前，祂就許諾給我們的祖先——亞巴辣罕這塊福地，作為他的產業。」

另一位明智的人，溫和且穩重地接著說：「意思是說，這地方應該是作為朝拜亞巴辣罕、依撒格、雅各伯的天主之處，這正是天主從埃及解放我們，並且親自帶領我們進入福地的原因。」

於是，宗教激進份子也肯定道：「因此，其他的神都不應該屬於這塊土地，它們侵略了上主的產業，所以我們要把它們趕走。」

若蘇厄下了這樣的一個結論：「那麼，我懂了。天主要我們將這塊土地，從原不屬於此處的神祇中取回祂的主權，並且毀滅朝拜這些神的一切人。不過，為什麼天主要將這地，賜予我們呢？」

激進份子接著高談闊論起來：「因為我們是亞巴辣罕的子孫，天主自己和他訂立了盟約。之後，祂又在西乃山上，同我們的父母立約。對我們而言，這是一份既重大且榮譽的盟約關係。」

若蘇厄綜合大家的言論說：「那麼，我們再想一想現今這個情況。這些基貝紅人，讓我們繼承他們的土地，條件是要我們保存他們的性命。所以，他們的神已經沒有用了，他們也已失掉自己的產業了。他們在和我們訂立盟約時……」若蘇厄一邊說，一邊瞄一下法律學者，然後繼續說：「……他們承認了我們的天主，在埃及以及約但河西岸所做的大事，這等於是承認了我們的天主。那麼，當他們和我們立約時，他們也就藉著我們進入到天主同我們的盟約之中。或許，我們未來將會時常採用這個模式。」

「那麼，你想我們該怎樣對待這些人呢？」那原本提議將基貝紅人放逐遠方的人問道。

若蘇厄答道：「我本來還沒想到該如何是好，不過在和你們談話的過程中，我就想到本來沒能想到的事。」大家滿懷著期待望著若蘇厄，他接著說：「我在想天主的約櫃所在之處——天主的會幕，每當有祭獻時一定需要一些木柴和清水，而且為了會幕平日的清潔，水亦是不可或缺。那麼，我們可以讓基貝紅人做這些工作。」

所有人一聽，立即都點頭表示贊成，就連那軍事火爆份子也同意若蘇厄的提議，還加以強烈的解釋：「對，他們就像是戰敗的俘虜。所以，我們給他們的懲罰就是做聖所的奴隸。」

若蘇厄回應說：「我不把這看作是一種懲罰，相反的，我倒認為這是一份召叫。他們將同我們一樣，正如我們原是在埃及的奴役之地，後來被天主解放，天主召叫了我們，要我們侍奉祂、朝拜祂。」聽到此，激進份子不能再辯駁什麼，此刻便給的口才似乎完全不管用了。

這時，若蘇厄的助手急忙來到，傳遞基貝紅人的訊息：「基貝紅派些人通知我們，他們現在正遭受山地國王的攻擊。他們說：『你不要袖手不顧你的僕人，請快上來援助，扶助我們，因為住在山地的眾阿摩黎（亞摩利）王都聯合起來攻擊我們。』」

助手接著又說：「聽基貝紅人的語氣似乎是件很緊急的事，他們的狀況好像已經相當危險了，我們得趕快行動。」

這一夜，以民連夜整兵，行軍至基貝紅，第二天一早，出其不意突擊阿摩黎聯軍。於是，阿摩黎人在以民面前陣腳大亂、節節敗退，他們完全沒想到以色列人居然會連夜趕到，又走在他們從不曾走過的地方（當然，基貝紅人的幫忙也有一定的效果）。阿摩黎王更不敢相信，以色列人居然一點也不用休息，馬上就可以攻擊自己的軍隊。就這樣，若蘇厄在阿摩黎人還沒準備好時，就已經處在備戰狀態，一見到他們立即給予痛擊，使他們混亂、敗退。

此時，在基耳加耳營區只剩下女人和孩童們，以及幾位護衛兵保衛營區內的安全。

婦女們舉目向山坡望去，見不到自己的父親、兄弟和丈夫的身影，內心暗暗擔心他們的安危。到了中午，再往山上望去，看見山上的戰場被濃霧包圍，又見閃電熠熠，照亮天空，也下起冰雹。不過，婦女們所見的不完全正確，事實上只有山區的某處下著冰雹，但其他地方仍高掛著太陽，基耳加耳則是一滴雨也不下，一點雲彩也沒有。這些冰雹砸在逃亡的阿摩黎人身上，因為他們身處沒有任何遮蔽物的空曠處，被冰雹打傷的人數，比以色列子民擊傷的還多。很快地，冰雹不下了，太陽又出現了。阿摩黎人頓時清楚見到自己的人民，死傷無數，而且眼看若蘇厄和他的子民，馬上就要追趕上了。

這時，若蘇厄和以色列子民都感到機不可失，他們都希望可以一舉拿下阿摩黎人，只可惜黑夜就要來臨。有人似乎聽到，雖不很清晰，若蘇厄對著太陽說：「多麼希望你就停在基貝紅上面，直到我將阿摩黎人全部消滅。」

若蘇厄對著自己的人民，喊說：「加油！我的壯士們，我們將一舉殲滅敵人。大家加油，我們還有充裕的時間。大家，快追、快追他們。到了晚上，我們就可以好好休息了。」

以色列子民一聽到若蘇厄的鼓舞，精神立即為之一振，忘卻了夜晚行軍及整天打戰的疲累。這一天，他們追趕所有的敵人，且將他們完全消滅，還在山洞裡找到五個逃脫的王子。

在另一邊，基耳加耳的婦女們則是憂忡忡等待自己的親人。這一日，好像沒有結束的時候，這天的下午好長、好長，不見親人回家的蹤影，也沒有任何人帶些訊息回來。有的人認為這必然是件好事，因為以民正在追趕敵人，所以沒有半點消息傳回營區；也有些人認為這只不過是自己的希望罷了，婦女們所在的地方一點事也沒有。

這一日，太陽好像不消退。有的只是蜜蜂飛在她們的田地上，來回穿梭在薰衣草叢間。終於，夕陽下山了。但是，女人們還是沒有半點男人的消息。突然，有個人跑向她們，向她們報告好消息，後來，若蘇厄和整支隊伍卻是將近黑夜才回到基耳加耳。

男人們帶著滿身汗泥和汗水回來，又髒又累。不過，他們的心卻充滿快樂與興奮。而且興奮逐漸加溫，瀰漫在整個以色列會幕中，人們只要一談到戰事的細節，精神就很亢奮，包括那來得巧的冰雹以及漫長的午後。對他們來說，這天下午真的很長很長，雖然他們一方面希望有很長的時間，將敵人殲滅，但另一方面也希望快點黃昏，這樣就可以休息了。他們高興地敘述這一天的經歷，並唱起勝利的歌曲。

營地的某一處，有個人這麼唱著：

太陽停在空中，
未急速下落，約有一整天。

以前或以後，
從來沒有一天像這天一樣。
上主這樣俯聽了人的呼聲，
因為上主在為以色列人作戰。（《若蘇厄書》10章13～14節）

如果，天主寫日記的話……

今天發生的事，恐怕要花很長的時間才能有個終結。人們已經開始傳頌，我傾聽人的呼聲，於是太陽停止了。假如人們再多想一想，他們能懂得史詩家的讚美：天主為以色列人作戰，因為以色列人實踐了和平盟約，他們遵守了自己與友邦的約定，挺身為受攻擊的友人作戰。

其實，這地固然屬於我，但是那地也是屬於我的，大地的一切都歸於我。上天的一切也都屬於我，或是雷電或是冰雹，又或是雲彩，抑或是太陽也是。如果我今天命令它們，那是因為我是一切的創造者，所以我能夠運用它們。

24 ▶那時，在以色列沒有君王⋯⋯

⋯⋯各人任意行事。

——《民長紀》21章25節

無論是在征服耶里哥城之前，或是在打敗阿摩黎聯軍之後，在基耳加耳的以色列子民，大多數都認為占領天主許諾的福地，應該是件輕而易舉的事，可是事實上卻不如想像中簡單。

雖然若蘇厄在臨死前，已將福地按照以色列各支派分給他們作產業。不過，他們並非完全占領這塊土地，應該說若蘇厄是按著地圖劃分各個支派的範圍，以及尚待他們去攻占的城池，這也是為了避免支派之間的爭端。若蘇厄太明白以色列各支派之間的問題，為了爭取較富裕的土地，為了想要住在交通便利的區域，為了哪個支派可以獲得已經占領下來的城市等等，兄弟鬩牆並非不可能。他訂下每個支派各自的領域，就是一個減少紛爭的好方法。

這麼一來，每個支派仍必須面對，在屬於自己的土地上，尚有其他居民的處境。他們於是開始各自為政，特別是在若蘇厄死後更是如此。他們太習慣有個領導者，可是領導者已經不在了。若蘇厄死時，也沒有將領導的職責再傳給下一位繼承者。如同梅瑟傳給他一樣。若蘇厄死時各支派的子民已經分散在各處，每個人都跑到他（個人以為）要繼承的土地上。

另一方面，若蘇厄和以色列任何一個子民，都沒想到要為以色列立一個國王，對他們而言，「法郎（即國王）在埃及就夠了，」其他的地方不需要，而且這些擁有國王的原住民，能力也不怎麼樣。不過，人民真是懷念若蘇厄，不斷傳揚他的英勇事蹟：

農的兒子若蘇厄，是一位作戰的英雄……
當他舉手向城揮動刀劍時，
何其光榮！
因為他是為上主作戰，
誰能敵抗他？
太陽不是因為他一揮手而即刻停住，一天變成兩天嗎？
當敵人四面圍困基貝紅時，
他呼求了全能的至高者，
偉大神聖的上主就俯聽了他，大降冰雹，猛烈非常；
他衝破了敵對的民族，
在山的下坡處殲滅了敵人……（《德訓篇》46章1、3～7節）

那時約櫃停在史羅（示羅）的會幕中。啊，對了，約櫃。梅瑟在金牛犢事件的前車之鑑下，學到了以色列子民需要見到天主臨在的記號。其實亞郎的提議很好，只是錯在用金牛犢做為天主臨在的記號，因為牛犢實在和埃及人的偶像太相似了。沒錯，人們的確需要一個有形可見的象徵。所以，梅瑟就以約櫃做為天主臨在的標記，它大到足以讓人從遠處就可以看見，但也不會太大，可以方便移動、攜帶。約櫃中，放了盟約的石版（當然是天主再次給予的，代替梅瑟盛怒下毀去的二塊石版）和他們每天在曠野中所吃的一點瑪納，以及一夜之間就開花的亞郎棍杖，這些正代表以民的法律、天主的照顧及司祭制度。

現今的約櫃，停在史羅的會幕中。那裡，有梅瑟立下亞郎的後裔作為司祭的人員，其他的以色列子民則是偶爾到史羅，朝拜上主，同時也可以藉這個機會，遇見平日不常見的遠方朋友、親人或是遠房的親戚，甚至遇到某些讓他們感到驚訝的人。

「你們是屬於什麼支派的？」

「我們是屬於依撒加爾（以薩迦）支派。」

「我一點也不記得依撒加爾支派有誰啊？我不曾聽過我的祖父母提起過，他們不論是在埃及或是在沙漠曠野時，對依撒加爾支派都沒有什麼印象。」

「因為我們不曾下到埃及，我們留在此地。」

「那你們為什麼到史羅，來朝拜我們的神呢？」

「因為祂也是我們的神。」

「怎麼可能？」

「可能有點奇怪。不過，我們的祖先跟我們提過這位神祕的神，保護我們的神，事實上關於祂，我們認識的不多。對於祂的名字，我們也不是那麼清楚，可能祂有好幾個不同名字的說法。一些依撒加爾支派的人（實際上這個支派人數很少，因此一點也不用驚訝沒什麼人認識）與我們有關係，我們彼此的祖先有親戚關係，而且我們有相同的傳統。他們向我們提到你們從埃及被天主解放到此地，尤其是你們過紅海以及在西乃山與天主立約的經驗，讓我們慢慢可以認出、並肯定祂就是我們祖先提到的神，就這樣我們接受祂是我們的神，接受所有的盟約、法律和一切的規矩。」

還是有人不懂，怎麼會有以色列人沒下到埃及，可是愈來愈常遇到這樣的人，他們也就漸漸接受。找到共同的祖先是件很大的事情，這個民族也因此愈來愈大，而且這正是他們需要的，一方面人多就可以更快的占領此地，另一方面就是不用殺光所有原本居住於此地的人（這既不可能，也不好，更不明智）。

時間一久，以色列子民對於占領屬於自己的土地——更準確的說是天主給的產業，到底該如何行動，態度總是相當保留。每一個人、每一個家族，不喜歡具體描述自己能有什麼行動。不過一旦占領某個城市或是某個地方，就會大肆宣揚自己已進到天主許諾的產業。例如，厄弗辣因（以法蓮）人就誇張地，稱自己的領地是從約但河東面直達西邊的海岸線，他們還占據山區，為了讓所有的人知道這山區已經屬於自己，不論山原來叫什麼名字，往後都稱做厄弗辣因山。

慢慢地，人們的話題從產業轉到新的生活方式。新的生活型態對他們來說相當新奇，他們的祖先本來就是牧人，在曠野中，唯一的活動是從事畜牧工作。關於這點，有些人開始談論起來。

「你耕田時，犁頭碰到石頭時，手腕還是彎的嗎？」

「不，我已經學會要拉出犁柄了。」

「我們的土地，看起來很不錯，但是石頭可真多呀！」

「你那哪算得上多。我可是要在小山丘地上清除亂石，原本不知何年何月才能長出穀物，一直到有一天，某個人提醒我，為什麼不種些葡萄樹才有轉機。他的話可真對。現在，我就有非常多的葡萄以及好喝的葡萄酒。」

「對我來說，用鐮刀收割，是最累人的。整天要彎著身子，又要曝晒在大太陽底下。每天晚上，我的腰都快要直不起來了。」

「至少這時還有事可做。在打穀場上整天只是坐在騾拉著的石磨板上，轉啊轉！轉啊轉！不然，就是看牛虻飛來飛去！飛來飛去！」

「然後，還要等風來時，才能將麥粒和殼斗分開。整個晚上，只能在打穀場睡覺，直到有風颳起來。」

「對了，你的橄欖樹怎麼樣了？一斗的油，可以賣多少價錢呢？」

「哼！你等十五年後，再問我吧！我去年才剛種下它們，你想要它怎樣？」

就這樣，每個人按自己的情況來行動。

另外還有一個熱門的話題是，子民和周圍的強盜民族的問題：新來的人總是比較好欺負。雖然，從四周的本地人來看，以色列子民的確是個強勁的民族，不過他們卻分散四處，也沒有國王統籌一切，每個人各自為政，按照自己的喜好行事，不成氣候。

但是，他們之中也有些膽大、英勇的人物，展開好幾場激烈的戰事。在史羅的聚會上，本雅明（便雅憫）人便常提到自己祖先——厄胡得（以笏）的英勇事蹟，他雖然右手不便，卻從摩阿布（摩押）人的手中解放了以民。「那段時間，摩阿布人很強盛，尤其是摩阿布王——厄革隆（伊磯倫）在位時期，他強勢要求我們納貢，要我們獻給他一切的勞苦所得。」

「那厄革隆王是個極肥胖的人。」

「有一次，厄胡得為我們送貢物給厄革隆王，送完貢物之後，接著向厄革隆王說：『我有個祕密，要向你說。』因為厄胡得右手不方便，厄革隆王和摩阿布所有的王臣一點也不起疑心，就這樣厄革隆王命令侍立左右的人，全都離開。」

「其實，那個時候厄胡得早就預備一把長長的刀，藏在褲管底下。然後，當他靠近厄革隆王時，就伸出左手將刀拔出來，連同刀柄都刺入他的肚子。」

「你們想想看，他有多麼的肥。當厄胡得把手從他的肚子抽開時，包覆著肥油，而且他肚子裡的脂肪完全包住了刀子。」

「還有，厄胡得離開之後，厄革隆王的王臣還以為他正在上廁所，所以不敢打擾。」這樣子的描述，每次都讓人開懷大笑，只要一想到厄胡得手上滿是肥油的情景，或是想到厄革隆死在自己的油漬中，就可以讓人笑到不能自已。

北方的以色列支派則是最常提起德彼辣（底波拉）和巴辣克（巴拉）他們如何攻打雅賓（耶賓）王的所有將士，並且毀滅了九百輛鐵甲車的故事。

「雅賓的將軍——息色辣（西西拉），居然被一個手上沒有任何武器的女子殺死。」

「她先是好意招待他，並讓他躲進自己的帳幕裡，然後趁他疲乏熟睡時，拿起鎚子和木橛從他的頭上釘下去，就這樣息色辣在呼呼大睡時死去。」

住在客納罕地區中部的人，一定不會忘說說基德紅（基甸）的事蹟。他拆毀了外邦人敬拜巴耳（巴力）的祭壇，打碎了聖木，又運用號角、空罐子及火把驚醒敵人，打敗米德楊（米甸）人。

在史羅的日子，大家各自講著引以為傲的故事，講個不停，彌補彼此間因為地理的緣故，或是各個支派想要保有自己獨立行事空間而帶來的疏遠。

在這些日子裡，人們也談著自己的宗教信仰，讓人吃驚的是：「自從我建了一座小小的廟，給『田地巴耳』居住之後，我田裡的產物真是豐碩。」

「我是沒那麼多錢，可是從我有個『葡萄樹巴耳』神像後，就沒有冰雹破壞我的葡萄樹了。」

「你們真不應該，怎麼會做這些事呢？」一位朝拜上主的虔敬者指責說：「難道，你們已經忘了金牛犢的教訓了嗎？」

「這離我們已經很遠、很久了。」

「但是，我們現在所在的地方就是上主的會幕，這是祂所選定的地方。」

「你到底要我說什麼？對，沒錯，上主很會解救人、幫助人過海、過河，甚至是很有辦法讓城牆倒塌。對，祂是個很會打戰的上主，可是祂懂得農業嗎？或許祂懂，不過當然還是巴耳的經驗比較豐富。」

「你……在上主面前，竟敢說這些話……。」

「沒錯啊！這正是我要說的。你懂不懂巴耳是什麼意思呢？巴耳的意思就是主，我們怎麼知道是不是同一位神，或許只是有不同的名字罷了！」

「或許是上主的一位代替者，正如在我的家裡我是家長，可是我的兒子也可以代表我行使一切職責。」

「對！我有個很好的例子。」一位養母牛的巴商富翁說：「我感謝上主，因為祂使我一切都很順利，我也感謝任何我會遇到的巴耳。我有一個僕人，他不是我的兒子，也不是我的繼承人，他是我用錢買來的僕人，可是他卻管理我的一切。或許，我們所說的巴耳就是這樣啊！」

他炫耀自己的富有，讓一些聽到的人不是很舒服。人們靜默了一會，接著，信奉雅威的熱忱者又說：「無論如何，塑偶像是不對的。這些就是法律禁止的偶像。」

「那麼，你如何解釋約櫃呢？它不也是個形像嗎？」

「對，是一個形像。不過，不是神，只是我們上主臨在的記號。」

「喔——」許多人一同發聲以表示了解，希望趕快結束這樣子的辯論。

但是，仍有人繼續發言：「你瞧，那個丹（但）支派不是也有偶像嗎？可是，他們卻很強盛。他們從米加（米迦）的手中奪走神像和肋未司祭，成立自己的聖所……就這樣，丹支派不是得到了自己的產業嗎？反而，若蘇厄先前劃給他們的地方，他們卻無法繼承……。」

那時，在以色列沒有君王，各人任意行事。

如果，天主寫日記的話……

他們似乎認為沒有國王是個好藉口，可以忘記我，好尋找別的神。他們為了自己想要得到的益處朝拜它們，甚至可以做出任何的詭詐或是欺騙。雖然，他們來到我的聖所，沒有空手而來，因為梅瑟早已提醒過他們，不過他們的手裡卻不是很滿，他們說這年不是很豐收，有乾旱啦！有冰雹呀！或是因為米德楊人的毀壞啊！總之，就是經濟不景氣。

不過，很快地他們將要求一個國王，也就破壞了現今的藉口。

可是總會有忠信的人，可以幫助我不後悔我所選的民族……。

財團法人天主教善牧社會福利基金會
GOOD SHEPHERD SOCIAL WELFARE SERVICES

電子發票捐善牧，
發揮愛心好輕鬆

您的愛心發票捐，可以幫助

受暴婦幼　得到安全庇護

未婚媽媽　得到安心照顧

中輟學生　得到教育幫助

遭性侵少女　得到身心保護

棄嬰棄虐兒　得到認養看顧

消費刷電子發票
捐贈條碼
愛心碼：
8835（幫幫善牧）

102年起消費說出
「8835」
（幫幫善牧）
愛心碼

當您消費時，而店家是使用電子發票，您只要告知店家說要將發票捐贈出去，或事先告訴店家你要指定捐贈的社福機構善牧基金會**8835**，電子發票平台就會自動歸戶這些捐贈發票，並代為對獎及獎金匯款喲！

消費後也能捐贈喔！

如何捐贈紙本發票？

- 投入善牧基金會「集發票募愛心」發票箱
- 集發票請寄至：台北郵政8-310信箱（侯小姐：02-23815402分機218）

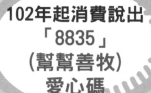

國家圖書館出版品預行編目資料

最奇特的民族以色列：從和神建立盟約開始，他們如何成為信念最堅定的一群人？／穆宏志（Jesús M. Muñoz S.J.）作
--- 初版，-- 臺北市：星火文化，2018 年 5 月

面；　公分．——（Search；11）

ISBN 978-986-95675-3-4（平裝）

1. 聖經故事　2. 聖經人物

241.01　107007055

Search 11

最奇特的民族以色列

從和神建立盟約開始，他們如何成為信念最堅定的一群人？

作　　者　穆宏志（Jesús M. Muñoz S.J.）
封面圖素　Jenny Lipets Michaeli ｜ Dreamstime.com
封面設計暨內頁排版　Neko
總　編　輯　徐仲秋
出　版　者　星火文化有限公司
地　　址　台北市衡陽路七號八樓

營運統籌　大是文化有限公司
業務·企畫　業務經理　林裕安　業務助理　馬絮盈・林芝縈・王德渝
行銷企畫　汪家緯　美術編輯　張皓婷
讀者服務專線 02-23757911 分機 122
24 小時讀者服務傳真 02-23756999

香港發行　里人文化事業有限公司 “Anyone Cultural Enterprise Ltd”
地 址：香港 新界 荃灣橫龍街 78 號 正好工業大廈 22 樓 A 室
22/F Block A, Jing Ho Industrial Building, 78 Wang Lung Street, Tsuen Wan, N.T., H.K.
Tel ：(852) 2419 2288　Fax ：(852) 2419 1887
Email: anyone@biznetvigator.com

印　　刷　韋懋實業有限公司

2018 年 5 月 31 日初版　Printed in Taiwan
ISBN 978-986-95675-3-4　定價／ 320 元